京都思路・地圖 1

地圖上標示的❶❷❸等即內文圖說標號的所在位置。

京都思路・地圖 2

地圖上標示的❶❷❸等即內文圖說標號的所在位置。

京都思路

京都三部曲之3

壽岳章子 著
澤田重隆 繪圖
張秋明 譯

推薦序

千年之城的變與不變

李清志

京都這座千年繁華之城與我的家族成長，牽扯著一段無法明晰的記憶斷層，多年來我一直試著從嚴峻的父親言談中，去拼湊那一段空白的種種，在記憶拼圖的過程中，我也逐漸拼湊出京都生活的種種，那些在壽岳章子書中所描述的京都，混合著我的記憶片段，似乎已經完成了一幅完整美好的京都生活圖畫。

壽岳章子在本書中提及她在大學畢業後，曾經在同志社高中擔任過三年的鐘點講師，而我的父親中學時期就是與我姑丈兩人，前往京都同志社大學附屬高中就讀，不過那已經是在二次大戰前的事情了。當時父親與姑丈兩人搭船從基隆出發，前往日本京都，途中船隻停靠門司港休息，之後由關門海峽進入瀨戶內海，最後停靠神戶港，再由陸路搭乘鐵道列車前往京都。

同志社大學是座教會學校，校園內有座紅磚造教堂（本書中有提及），以及有紅磚塔樓的校舍建築，這座學校位於京都御所後方，充滿著典雅的校園風情。雖然戰後父親獨自搭船前往美國，在芝加哥大學繼續研究所的學術研究，但是我多次聽父親提及「同志社」這個名詞，似乎少年時期的京都求學生活，在他的記憶中占據了許多空間，而京都這座城市也成為他靈魂中魂牽夢縈的地方。

九〇年代起，我多次前往京都旅行，去欣賞哲學之道的櫻花飄落，去看高瀨川畔的安藤忠雄建築，也去探尋那些京都人避之唯恐不及，由建築師高松伸、若林廣幸等人所設計的異形建築，甚至帶著三島由紀夫《金閣寺》小說去欣賞金閣寺；不過內心裡，我其實帶著一種尋根的情感，想要去尋回父親在京都的少年記憶，同時也綴補我內心對父親認識的空缺。有一次我到京都旅行，還特別到同志社大學去拍攝那棟紅磚造的教堂建築，將這張建築照片框畫送給父親，希望可以喚醒並開啟他的記憶之門。

二千年春天是個特殊的日子，同志社高中校友會寄來同學會的邀請卡，希望這些老校友可以在櫻花樹下敘敘舊。年紀大不喜歡出門的父親，原本懶得去京都一趟，但是想到原來班上老同學已有一半凋零，可能不會再有下次再相見的機會，在母親遊說下，父親終於答應去參與同學會。

離開京都半個世紀以上的父親，要回去參加同學會，心境上多少呈現「近鄉情怯」的焦慮，我可以理解那種心情，畢竟半個世紀以來，京都還是有許多變化，最大的變化應該是火車站周邊的規劃。以前人們搭火車到京都，遠遠可以看見典雅的五重塔，就知道目的地到了；不過現代人來到京都，搭乘的是新幹線列車，遠遠望見的不是五重塔，而是像根蠟燭的京都塔，而整個京都車站也變成一座令人眼花撩亂的前衛建築，建築師原廣司所設計的車站複合體，曾經遭遇京都人的大力抵制，不過現在的京都人似乎感受到有一個現代化的門面，似乎也是一件不錯的事。我只是害怕父親無法接受改變後的京都，特別是那次旅行我們下榻在京都車站的正對面，從旅館房間窗戶望出去，看見的正是巨大的京都車站。

那次同學會十分成功，櫻花樹像五十多年前一樣，依舊開得燦爛華麗；不過老同學多已辭世，出席者有許多不良於行，有些則是不聽醫生勸告，偷偷從醫院溜出來的；當櫻花花瓣飄落之際，這些老先生對人生的多變與飄零都充滿了感慨與傷感。

同學會之後，我們帶父親回到同志社高中，當他步入校園那一刻起，突然像是回到少年時期一般，蹣跚的腳步突然輕快了起來，雖然拿著拐杖行走，卻連我差點也追不上他，他帶著我們看過了校園中的紅磚造教堂、教室以及餐廳，然後走出校園，在一座寺廟前的鐘鼓樓處停下，父親告訴我那是他們上戶外操練課時，經常歇息的地方，他試圖用手掌撐起自己，想爬坐上高起的石臺座，那是少年的他常做的事，無奈現在的他已經爬不上石座；我扶著他坐上石臺座，欣喜的父親臉上現出笑容，我才發現父親此刻擁有一種京都少年時的容顏。

我們離開學校往鴨川的方向走去，父親想去看看昔日租賃的宿舍還在不在？一路上他的腳步依舊飛快，走過了京都一些街巷弄堂，轉過一些雅致的街角，一排木造兩層樓老舊建築出現在眼前，其中一棟就是父親當年學生時期租屋的地方；令人訝異的是，看似弱不禁風的老舊宿舍，半世紀後居然還屹立不搖，附近社區的建築景觀也沒有太大的改變，京都的永恆性在此顯明出來！

父親又帶著我們繞過巷道，尋找昔日學生用餐的小餐館，他說他們都將這餐館稱作是「廣播電台」，因為只有此地有收音機，每次到那裡吃飯，可以聆聽廣播節目；這家餐館還有一項令人懷念的要素，就是餐館主人的女兒，她是個可愛漂亮的女孩，同時也是這間餐館的「看板娘」，許多學生都是衝著這個漂亮女孩來此用餐。

我們在社區附近繞了許久，卻找不到父親口中的「廣播電台」餐館，心想：京都這幾十年來不會什麼都不變吧！在街角房舍前遇見一位老太婆，便趨前問她關於舊日餐館的事，想不到她竟然知道，她說：街角的房子就是昔日的餐館，餐館後來不做了，改建成一般住家；而她本人就是昔日餐館裡的那位「看板娘」。

人世間的滄桑變化，對於京都似乎算不得什麼；正如壽岳章子所說：「我依然很有信心地將未來託付給曾經相遇的人們，我相信只要有這些人存在，京都的街道仍將建在。」這一代的人或將逝去，但是所有喜愛京都街道的人，都將成為京都的守護神，繼續護衛著京都的千年永恆。

序文

道路是相逢的場所

街道或是道路的說法其實很多。我已年過七旬，不再打算公開演說。雖然在全國只見識到各地點線連接的風景，總之我算是行遍全日本了。其中我所居住的京都，在長期的演說生活下，透過演說結交的人緣、地緣像網眼般的細密，讓我幾乎走遍了京都的大街小巷。

有的街道零星散落幾戶人家，充滿山光水色；也有些街道住家櫛比鱗次，各有各的情趣。

京都的街道，風情萬種。漫步其中，我不禁感覺京都的街道世界十分充實。

之前曾參加一場討論會，探討一篇關於「京都如果繼續被大阪的經濟政策所擺佈，將成為大阪的『場末』的文章。使用到「場末」這個字眼時，總給人負面的印象。辭典中解釋為「市郊、邊陲」，作為形容詞則是「倒閉、破敗」的意思，而且例句竟是「場末的酒館」（門可羅雀的破酒店）。

我認為「場末」這個字眼，對居住在當地的人而言是一種傷害。因為這個字不只意味著邊陲地帶，還帶有寂寞悽清，甚至代表沉淪墮落的黑暗面。就算我想錯了，那也不會是住得舒服的地方。

過去向日町合併到京都市時也曾引發過爭議。還記得有人曾如此忠告過：「不要吵了！淀被納入京都市後，就成了場末（就完了）！」

過去淀作為久世郡淀町時，有淀城、京都賽馬場，算是很有特色的小鎮。一旦變成南區淀時，就顯得毫無個性，完全淪為大京都市的一隅，讓人好生「場末」的感慨。儘管淀的本身沒什麼改變，卻多少還是給人破敗的空虛感。

姑且不管這種感覺是真是假；就算沒有淪為市郊的客觀把握，但是跟隨著處於邊陲地帶而生的情感卻揮之不去。全國各地或許也的確存在這樣的地方。

然而京都市裡並沒有場末之地，這是我寫完本書後的明確感想。不管是什麼區還是各個行政區的角落，完全不會給人「破落」的印象。即使來到東山區、伏見區或是京都南方盡頭的街道，也不會有那種感覺。每個區域都各白有其充實的特色。

好比是伏見區，過去她和舊京都市是分庭抗禮的不同文化圈，所以有著深厚的文化底蘊。和灘並稱是日本酒的產區，巍然聳立的酒倉林立，豐富了水邊的風情，兼具實用與美觀，令人「百看不厭」也百遊不倦。

同時從古至今整個區域也充分發揮了稻荷神社①前商店街的特色，到處充滿了人情味與歡樂氣氛。伏見人偶可說是全日本泥偶的源頭；烤小鳥、仙貝煎餅等對饕客更是極具魅力。山上人家、有趣的地名、逐漸與宇治融為一體的景觀也頗耐人尋味。從我家二樓東邊的小窗向東眺望，伏見的山景常引發我諸多夢想，不禁支著腮幫子倚在窗邊留連往返。

道路之旅也是心靈之旅，更是學習許多事物的過程。幾十年來遊走京都各地，不知帶給我多少的驚奇和感動？任何地方都有人活得堂皇自在，獨特的生活步調兀自發光發亮。

又例如，我一直以為納豆是關東人的吃食。第一次吃到納豆是在就讀東北帝大時的宿舍早餐。之前我只知道那是童話故事中少年男主角每天早晨兜售的商品，其滋味還是頭一次品嚐。本來我就喜歡吃黏稠的東西，所以一開始便覺得納豆很可口。內心還很羨慕關東和東北的人，可以有這麼美味的食物！

後來常去丹波造訪，才知道丹波悠久的納豆製造歷史，而且那是真正講究的傳統納豆。將自家栽種的納豆鋪在乾草上發酵，再將精心製作出來的成品用稻草包裹。然而今日的京都，到處都可以看到不再是用稻草包裹，而是用薄木片（削薄的杉木或檜木片）或其他容器包裝精美的納豆，成為京都人的日常食品。我卻打從很早以前便

①—稻荷神社：供奉掌管五穀神明的神社。

時常收到丹波友人致贈的稻草包納豆，因而狂喜不已。在北山杉一帶，新年正月也有製作納豆餅的習俗。那是將納豆餡填入類似鏡餅的大圓麻糬中，然後烤來吃。滋味很棒，但每次看到烤網、砧板和菜刀上沾得濕濕黏黏的，都讓我覺得好生可惜。不知道當地人有什麼好方法可以避免這種事發生呢？總之納豆是丹波一帶的傳統食品已是不爭的事實。

文稿付梓後，收到了本書中提到的久多女性所撰寫的《京都・久多》，是一本很有意思的書。文字風趣地記載了生活在久多的種種，勾起我多次造訪久多的回憶，所以深感我心。

不只是久多，本書所描寫的每個地方，對我而言都是很重要的心靈交會場所。一開始是因為受邀演講的偶然機緣，使得我日後三番兩次繼續前去，每次都有新的體驗與感動。

而今我有些憂慮。人類總是不做好事，我擔心那些旁門左道的開發是否會破壞了某些寶貴的東西？各式各樣社會和歷史方面的轉變，是否會無情地對待那些應該保存的事物呢？可是我依然很有信心地將未來託付給曾經相遇的人們，我相信只要有這些人存在，京都的街道仍將健在！

一如前兩部作品，澤田大師也為本書提供了美麗的畫作。儘管他很辛苦地在我的帶領下遠離京都、長途跋涉，但令人高興的是，這些傑出的畫作為那些地方、那些人們的存在賦予了光輝。這本書能夠問世，我由衷感謝草思社各位編輯的盡心盡力，還要感謝許多朋友為了我天馬行空的想法而開車作陪的好意。

一九九四年　如月②　聽聞處處傳梅訊　壽岳章子

②—如月：陰曆二月。

❶——伏見，釀酒廠。如此壯闊的眺望景觀，正代表了伏見。

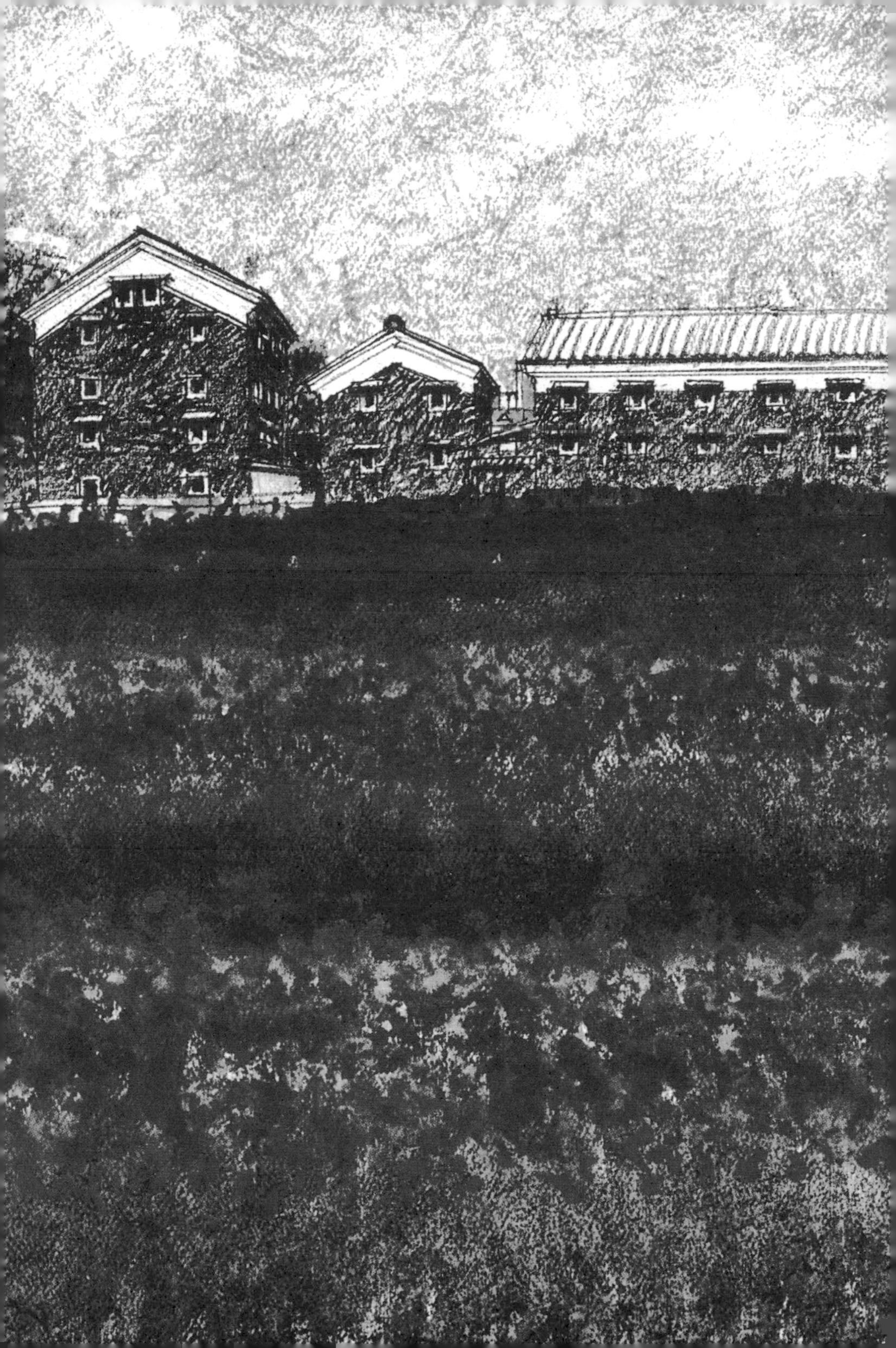

❷——伏見稻荷參道轉角，仍然保留昔日的客棧風情。

❸——東福寺。通天橋下的紅葉。直通天庭，多麼巧妙的命名——越過紅葉的波濤大海。

❹──古老酒倉裡壯觀的梁柱、杉木球、酒樽。彼此交織出結構之美。

前言

兒時南禪寺的周邊巷道

京都府的地圖，從面向丹後日本海的北方一路直下（這麼說似乎有點奇怪），也就是來到地圖的下方就是我所居住的地方。向日市是緊鄰京都市西南方、人口約六萬的極小都市。再往南行與西行就會通往奈良和大阪。我七十年的人生，或者說移居到向日町（向日市的舊名）六十年人生的絕大部分，加深了這張地圖某些區域的顏色。

道（michi），我十分喜歡這個字。這個有兩個音節的字蘊含著英文road所感受不到的深刻意涵。也因此「道」這個字和人的一生有著很深切的關係。它不單只是連結地理上點之間的線而已，也是和人的某些價值結合，帶領我們走向無限深遠世界的過程。換言之，人生就是「道」。

其實不需扯太遠，作為道路的「道」本身不就是耐人尋味的存在嗎？我個人尤其具有愛探路的特性。從孩提時代就四處遛達，看到路就興起想一探究竟的「嚮往之心」，結果從小我就是個「迷路」的慣犯。「迷路」這種行為常見於兒童，有時也會發生在貓狗身上。小孩子並非一開始就打算迷路的。迷路不是一種目的，而是偶然附帶發生的現象。身為經驗豐富者的我認為，迷路是出自於「嚮往之心」，但卻是出於無奈所產生的現象。

脫離現實的「現在」，誘使人前往未知世界的無限魅力空間。我的童年環境充滿了許多那樣的道路。我已經寫過許多次了，我從兩歲起到小學四年級春天所居住的南禪寺境內的家，簡直就像是道路的天堂一樣。其中最主要的馬路是家門口僊壺庵前，經由南禪寺外圍的山門向北走，穿過北門、野村別墅（目前在東山下渠道支流旁，另設有野村美術館）、東山高中後來到永觀堂，那附近漸漸變得比較熱鬧了，也是我過去就讀母校第三錦林小學的通學路。如今連南禪寺的境內也都是車水馬龍、交通喧嚷；但是在昭和初期，不論是私家車還是計程車都很罕見的時代，那條幽靜的道路偶爾只有人力車經過，公車也只開到永觀堂前；算是小孩徘徊流連的最佳場所。

說到那附近最迷人之處，應該是充滿了各式各樣的道路。道路的多樣化，甚至可用難得一見來形容。一如眾所周知南禪寺是臨濟禪宗①的大本營，雖然沒有東福寺、妙心寺等廣闊的土地，靜謐的環境反而更具宗教氣氛。而且寺廟中的法堂、散置各處的院落、通往後房的小路縱橫交錯，自成一個小宇宙。南禪寺的特色是水源豐富，涓涓細流的潺潺水聲隨處可聞。對小孩子而言，能在流水邊玩耍會是多麼的迷人呢！當年的水邊不像今天鋪上了水泥，不但適合玩泥巴，扳開水中的石塊也能發現小蟹。這些水流應該是東山湧出的山泉吧，水質清澄潔淨極了。

然而這些水流也曾出過事。我在京都府立大學服務時，跟我有幾年同事情誼的已故日本史學櫻井景雄教授所居住的院落正因庵，因為當年的集中性暴雨，東山沖刷而下的土石流衝壞了本堂造成災害。那裡平常可說是水源豐富的仙境（對於佛教聖地如

①—臨濟禪宗：禪宗的一派，由中國唐朝高僧臨濟所創，並由榮西於鎌倉時代傳入日本。

此形容有些奇怪，但用極樂二字卻又顯得僭越了）呀！我還記得有一回我因事到妙心寺造訪，正對該寺壯觀的寺院建築讚嘆不已時，一名和尚曾對我這麼說：「這裡固然不錯，可惜沒有南禪寺的好水。」至今令我印象深刻。

那時年輕的父母帶著兩個小孩一起住在南禪寺。傍晚時分，通常是做完晚飯等著父親歸來的時刻，母親會帶著我和弟弟散步到廟裡的法堂，順便接父親。記憶中有一次我們在堂前屋簷下的灰泥地上看見了一隻來回跳動的麻雀，也不知道牠為什麼不飛走。母親和我們便開始追著麻雀，而且抓住了，放在弟弟剛好帶在身上的小籃子裡。打算一會兒就放麻雀自由的母子三人，歡愉地在晚霞滿天的南禪寺裡嬉戲，我至今難忘那條路上的幽靜。今天南禪寺到處充斥著遊客，可是當年的南禪寺並非觀光勝地，那條路是為了僧侶以及在周邊平靜生活的人們而存在的。

從南禪寺可以前往許多地方，放射狀的道路通向各處。例如往東山的登山步道。順著有名的羅馬式水道橋在頭上經過的渠道前行，就能來到蹴上。前往蹴上的主要道路是從大門南邊經過金地院前面、側眼看著仁王瞠目瞪人的可怕模樣快步穿越東照宮，然後來到人稱曼玻的小型紅磚隧道，便是寬闊的一號國道了。眼前是季節一到便開出賞心悅目杜鵑花海的京都水道局「水源地」、旁邊的都飯店和奔馳在路上的京津電車。南禪寺幽邃深遠的世界到此豁然開朗。稍微西行在前往南禪寺的路上，從纜車向下望可以看到一道橋，那裡是市電東山線的仁王門站，也是這條極短支線的終點站，穿過隧道就是蹴上。順帶一提的是，「蹴上」（keage）此一地名，可能是古代唯一保留下來的下一段活用動詞存在的證據。而這個事實卻牢牢記在從來也沒想過要當國語研究學者的少女腦海中。「ke・ke・keru・keru・kere」中的連用形變化「ke」和「上」（age）結合而成的地名。當我開始擔任教職後，經常用這個地名來說明古代動詞的活用變化。總之「蹴上」充滿了許多意義，也是我童年一個人進行道路之旅時的關鍵字。

因此不論是我個人的特質也好，還是生長的環境使然，摸索道路是我最喜歡的成長過程。而且這種童年狀況直到成年還依然維持不變。

適合拄杖漫步的向日町

一九三三年（昭和八年），我們一家人從充滿回憶的南禪寺搬遷到洛西向日町的新興住宅區。因為諸多原因不得不離開依依難捨的南禪寺，甚至還跟親戚借錢蓋了小小的蝸居。

於是我的道路環境全然改變。或許可說是從京都的氣氛轉變成農村的街道風情吧！面對這樣的變化，剛開始覺得有些落寞，但漸漸地也習慣了新土地的道路環境。大戶農家散落在鄉間，周遭是充滿樂趣的村落。向日町只有一所小學，是一所擁有上千名學童的大型小學。旁邊緊鄰著小山，學校生活十分有趣且悠閒。

搬到向日町，如今最懷念的是跟父母一起四處散步。「散步」這個字眼在今日固然還存在，但我懷疑其全盛時期已經結束。我兒時的散步經驗應該正是其開花的蓬勃時期。傍晚時分一小段閒適的漫步，走的距離不長，速度也一定不快，而且是悠然自在地邊走邊談笑。

男性在這個時候通常會帶根枴杖。由於先父晚年步行困難，枴杖已成為生活必需品；甚至無法行走的情形更加惡化時，還必須借助殘障者專用的金屬枴杖才好不容易能跨出一小步。

我一向對自己的腳力很有信心，認為是從小愛走路鍛鍊出來的；但其實是來自父母的遺傳。父親年少時在鄉下長大，所以有雙強健的腳。雖然到了晚年才必須拄著枴杖走路，但在他還不需要的年代，印象裡家中玄關已放著兩、三根枴杖了。多麼奇妙的裝扮呀！我還記得父親穿著和服便裝、戴上呢帽，手臂上掛著枴杖出門的樣子。有時候手上的枴杖是拿來揮舞用的。

沒錯！昭和初年的日本男性的確是經常隨身帶著枴杖呀！柳宗悅大師②來我們家附近散步時，曾經舉起掛在手上的枴杖指著一戶人家，用他響亮的聲音批評：「這算什麼嘛，這房子……」那是棟建地有五百坪大的白色洋房，柳大師卻很不欣賞。倒不是身為民藝家的柳大師只能接受民家風格。其實不論是西式還是和風，只要用心建

②—柳宗悅大師：一八八九～一九六一，日本民藝運動創始者。為了保護日益凋零的傳統行業，對傳統民間手工藝的振興與提倡不遺餘力。

築、比例平衡的堅固房子，他都會稱讚「這房子蓋得不錯」，我們只能在一旁發出佩服的驚訝聲「噢！」。總之在我們小孩子的眼中，對他揮舞的枴杖前端所指「紙老虎般虛矯浮誇的住家」，印象十分深刻！柳大師的腳力穩健，從來不肯倚靠枴杖走路。換句話說，當時的枴杖可說是一種時尚的配件。

當時的道路主要是用來行走的，也沒有專供汽車行駛的車道，不像今天有適合慢跑或馬拉松的專用步道。儘管留下了散步這個詞，但這個詞所蘊含的趣味卻已經消失殆盡！

然而昔日安步當車的閒情傳統，如今可由交通工具取代。奔馳在遠山小道消失不見的公車、列車緩緩停靠的小火車站……，那些景象都殘存著過去以步行為主的旅行風貌，充滿了溫馨的風情。在我成年以後，仍持續這樣的旅行。

當然旅行的目的是為了個人的研究需要，前往調查當地的歷史與風俗；但有時也不盡然，我通常是為了某種機緣（主要是演講）先行拜會過，之後才以語言調查的研究者身分再次造訪。換句話說，是最初的旅行感動引導了日後的研究之行。

京都思路、人生之路

慕名京都遠途而來的道路，從京都出發行向遠方的道路，這樣的道路，我或許沒有走過太多；但昔日旅人曳杖遠行的心我彷彿體會不少。胸口懷抱著各種心得，都是對自然、人文和歷史難以忘懷的記憶。

我的心和腳確實行過萬里路。只是這一次限於篇幅，只能介紹丹波、近江路、昔日知名的東海道、靠近京都土地的西國街道和奈良街道沿途的旅遊經驗。

我已年近古稀，從年輕氣盛為所欲為的過去到現在，演講場次無數。到服務三十六年的京都府立大學任職是在一九五一年，從那時起便開始常常到各地演講。戰爭結束後，日本社會的變化很大，隨著女性積極的生活方式受到肯定、生活在地方的居民才是自治主人翁等觀念的逐漸生根，增加了我到各地和大家交換意見的機會。因為這些不時出遊的交談機緣，有些農村生活甚至對我的人生起了深遠的影響。

所以說這些旅行絕非是遊山玩水；應該說，到處行走和我大學的研究生活重疊，交織出很重要的意義！

固然我到過全國各地，但在京都卻是走得巨細靡遺。比方說京都府內各處的小學，經常是演講會場，所以我大概也叨擾過總校數的三分之二左右吧。至於道路方面，國道是不用說了，府道層級的地方少說也走過好幾回。甚至連電車、火車窗外可見的道路，我都能說出通往何處。

曾經遠行去丹波，在夜色正濃的車廂裡竟睡著了。猛然醒來，看著窗外心想這附近是哪裡呢？當內心直覺是「胡麻」時，不久列車果然經過胡麻車站。憑著車窗外昏暗的街燈景象就能判斷所經過的地點，可見得車站附近的人家、街燈配置等已深入腦海中，悄悄地成為我人生體驗的一部分了。

就這樣，京都連結各地的道路模樣已深植我心。即便今天我已經不常去昔日那些地方，行動範圍也由京都擴及全國各地，但過去歲月中的道路就像是埋藏在內心深處、甜美心酸的舊時繪本，不時會重現心頭。前不久為了寫作本書，我再度造訪這些記憶中的場景。連接過去與今天的道路依然健在，儘管道路的樣貌有些變化，卻似乎仍能喚回往日時光。雖然有時道路的樣子可能變化很大、村裡的居民變少了、朋友明顯也跟我一樣上了年紀；但那些地方不僅保持了昔日風貌，也給人活在當下的感覺。當然每一次我從當地回到家裡時，總是興奮地訴說所見種種，盛讚真是好地方等云云。雙親也在我文章完成之際，不時幫我介紹宣傳。尤其是母親十分佩服在地方努力耕耘的農村婦女，常常會跟我一起出門和她們聊天。舍弟在年終返鄉時，也會利用新年假期開車載母親出外兜風。這時的固定路線之一就是前往丹波地方。因為我希望在當地品嚐到的感動至少透過道路的風景讓母親也能分享。連接這些區域的道路並非單是地圖上的路線，甚至也不只是提供從一個地方開向另一個地方之用，而是通往吾人心靈的存在呀！

即將邁入七十歲，我對人生的感慨一如「道」的本身。我將懷抱滿滿的思緒寫下我的「道路」之旅。

周山街道——往北桑田郡

常照皇寺的牡丹　京北町山國

❺——愛宕山，俯瞰保津川（初夏時分）。
蜿蜒閃爍的銀波是大自然的心跳。

嚮往北山的遠方

我任教長達三十六年的大學位於鴨川和高野川、賀茂川交流處的出町，溯著賀茂川河堤往北行來到下鴨北大路橋，就在左岸。大學雖小，但西鄰就是植物園，又有賀茂的潺潺流水以及河堤的櫻花、櫸樹等行道樹，是個風光明媚的地區。尤其是從北大路橋朝北方眺望的景致最是快人心意。

原本京都就是個山城盆地，東、西、北三面環山，每一座山的形狀、樣貌各不相同，一眼就能分辨出東、西、北的方向。當年我通車就讀京都市內的女中，剛開始時因為不熟悉，曾經在河原町四条轉乘市電車時迷失了方向，然而直到今天我仍然無法忘懷，當我認出東山後，知道下一步該如何行動時的喜悅。住在東京的人就不提了，即便住在大阪，一旦生駒山煙霧繚繞，依然會落到東西南北分不清的下場！我喜歡京都，就是因為群山的距離遠近相宜，給人一種祥和的心情。

群山依其方位名為東山、西山、北山。其中東山，因我從小就住在它的山麓，幾乎每天都看著開往大津的電車，所以備感親切。西山則是在小學四年級後便仰望其山容度過長長人生，因此我自以為也對這附近十分熟悉；遠眺愛宕山雄偉的景觀，西山群峰彼此相連，就像是巨大的屏障一樣守護在京都的西邊；西山群峰中，留存許多我從少女時期到長大成人的種種回憶。然而在我三十歲之前，北山對我竟是片未知之地，童年時期雖然曾到高雄觀賞過紅葉，可是當時哪裡懂得分辨南北，只知道要去的地方叫做高雄。

站在北大路上的橋梁向上游眺望，美麗的風光令人百看不厭。春夏秋冬，四時景觀各不相讓，不論是河川還是岸邊都引人入勝。

一九七〇年的京都府知事選舉，成為史上最激烈的一場選戰。充滿了許多的小故事，對我而言也是一次難忘的選舉。當時蜷川派所製作的選舉海報，就是用賀茂川的川上搭配北山，呈現清新宜人的風格。選舉結果，蜷川虎三①大獲全勝。暫且不論輸贏，但是那張海報出色的設計，事過二十多年仍教我念念不忘！

十五年戰爭②結束時，整個日本社會的荒廢程度是今天人們所無法想像的。以清流聞名的賀茂川在戰後也曾經河水污濁、滿是垃圾，淪為廢棄腳踏車的堆放之處。市民不忍坐視，於是積極發起賀茂川清淨運動，同時加強河堤工程，才有今天這條美麗的河川。

對認識更早以前的賀茂、鴨川（兩者發音皆為kamo，但在出町與高野川合流後稱為鴨川，之前的源流則為賀茂川）的人們而言，今天的賀茂川乾淨得令人生疏。由於過去是天然河岸，沒有今日修建完整的堤防，不論是戲水還是岸邊散步都很暢快。對了，這麼說來就跟吾人惋惜失去海灘是同樣的道理。天然河岸的確令人喜愛，只是鴨川常常因為洪水釀災，所以修建河堤確有其必要，而且重整工程既要能夠防禦自然災害又能發揮河岸特色。總之，這條流經一百五十萬人口大都市的河川成為難得一見的美麗河川。

之前經過熱鬧的四条大橋猛然俯瞰橋下的水流時，除了常見的小白鷺外，還看見類似鷺鷥但背部鐵青色、頭上頂著冠毛的水鳥佇立在河中。小白鷺不停地拍翅，那隻鳥卻文風不動。我倚在欄杆看了五分鐘，鳥兒始終直立不動。回到家查閱圖鑑才知道那是夜鷺。

一年之中，鴨川大約會飛來二十五種鳥類。尤其是從晚秋起、經過冬天到早春的期間，鳥群聚集在鴨川到賀茂川一帶，當然也會飛到另一邊的高野川，或是很可愛地整排停駐在小瀑布上。還有到了下午四點

---

①—蜷川虎三：一八九七～一九八一，經濟學者、統計學者。京都府人。一九五〇年參加京都府知事選舉當選，連任七屆，推動京都的民主府政不遺餘力。

②—十五年戰爭：即日本為貫徹帝國主義而興起對中國的侵略戰爭，從一九三一年的九一八事變到一九四五年的日本投降。

便各自成群，從京都東南邊的天空往滋賀移動的壯觀紅嘴鷗隊伍。小型鳥類如鵪鴿、鴒鳥也跟著舞動。如此這般的賀茂川北邊天際和虛無飄渺的北山重疊，最令我感到神祕詭譎。

從飄雪的周山街道前往北桑田

儘管在對北山一無所知的時候，仍經常滿懷憧憬地眺望著它，難掩好奇地心想那裡會有什麼樣的城鎮或村莊呢？北山地帶向來是登山健行路線，對真正愛山的朋友而言，名聞遐邇。雖然危機四伏，但充滿了豐富的自然景觀，十分耐人尋味。有一次我從大阪機場搭乘往仙台的ＹＳ機③，起飛之際深為若狹一帶峰峰相連的景觀所感動；左邊窗口可以很清楚地看見賀茂川，也能看見我所任教的府立大學和大運動場；然後也看到了岩倉一条山在不法業者的濫伐和監理機關的怠慢下變成了童山濯濯的悲慘狀況。儘管北山不是那麼的高，卻仍讓我覺得山容壯麗。

穿越北山而入的一六二號國道，先經過通稱三尾的高雄、槙尾和栂尾，之後才進入周山街道。這條路我不知走過多少次，總之次數多到數也數不清了。

第一次走這條路是為了向北走，幾乎快到了福井縣。大概也有三十年了吧，京都府的社會教育課邀約說：「能否到鶴岡一趟呢？」

鶴岡，那不是要到鎌倉的八幡神社了嗎！

「什麼！那裡也屬於京都嗎？」

「沒錯，就在北桑的最北邊。」

季節即將入冬。

「那該不會是大雪紛飛的地方吧？」我半開玩笑地詢問。

「嗯，妳說得沒錯。」

我趕緊翻閱地圖。果然再過去一點就是福井縣，但仍是靠近若狹的深山地區。於是我才知道原來叫做鶴岡的地方，日本全國就有好幾個。終於到了約定的日子，一月八日。我已不記得是哪一年了，但從那個方向是我從未造訪的時期來判斷，應該是我演講生活的初期吧。

一早搭乘國鐵巴士，從四条大宮前往鶴岡。那是個大陸性高壓籠罩整個日本群島的日子。清晨京都的天空澄碧，彷彿可以發出金屬般的鏗鏘聲，天氣很冷。當然我穿著大衣、一身包暖的衣物前去搭乘國鐵巴士。

巴士裡有暖氣，我安然自若地坐在車廂裡。車子進入了北山，來到高雄一帶時，車外就像變了一個世界，原本的晴空突然陰霾了起來，甚至還飄起了雪，這時我的心中掠過一抹不安，我對栂尾之後的道路完全陌生。一邊對河川兩岸知名的北山杉高聳入雲的風光讚嘆不已；同時也有些擔心雪越下越多，自己是否還能有閒情逸致觀賞風景。

小鄉野位於京都市的北端，我眺望著這個十分寬闊的村落，心想市區巴士居然也能通到這種地方！沿著街道有許多住家，其中幾間頗有來歷的漂亮民家建築更是讓我看傻了眼。還不到小鄉野，有一個村落名叫中川，應該是北山杉的集散地吧，狹窄得連巴士會車都困難的道路兩旁，幾乎都是跟北山杉有關係的人家。頭一次看見塗上紅泥的房子外面，斜靠著許多從伐下到做成梁柱等各種過程的北山杉，不免有些吃驚。日後經常行駛該街道了，多少已習慣這樣的風光，但這樣的景致總是百看不厭！

舍弟在美國生活過相當長的一段期間，固然對科羅拉多、優勝美地等只有美國才有的壯麗風光有所感動，但他就說過這條北山杉的道路肯定也能讓喜歡美式風光的人們感動。備受照顧的北山杉，其最終目的是要做成梁柱，因此不同於吉野或是秋田等地的百年

③—YS機：日本在二次戰後所開發自製的民航機，其命名是取「輸送機」(yusouki) 和「設計」(sekkei) 的羅馬音字首而來。

❻──北山杉製造工廠與杉樹林。林相自然編織出的圖案。

老樹的林相，而是更纖細、柔和，呈現少女風情的細長杉木覆蓋住一整片山的美麗斜面。杉木的林相和優美的溪谷綿延不斷，中間穿插了充滿日本風情的民家村落和忙著揮斧將北山杉製成梁柱的人們。尤其是女性手上拿刨刀磨平木頭的景象最令人印象深刻。

整個北山杉地帶在小野鄉算是盡頭，爬上眼前的陡坡、越過北山後便進入未知的世界。巴士發出低吟聲加速爬上陡坡，這是位在幽靜山林中的陡坡，雪下了有一段時間。不久巴士開到了斜坡上較寬廣的地方停了下來，看了標示，原來是笠峠。透過樹縫看到的道路、河川和人家果然在遙遠的下方。好高的山呀，心想應該要開始走下坡路了吧！卻看見司機和車掌拿出鏈條裝在輪胎上。對我而言這是未曾有過的經驗，自然好奇地東張西望。很快地巴士開動了，終於通過了京都市和京北町的界線。我想快到了吧，今天的目的地鶴岡是在京北町隔壁的美山町最北方。

北桑田郡在京都府裡算是相當大的，感覺就像是鎮坐在京都府中央一般。面積雖然寬廣，但沒什麼平地，多半是山區。或許不像奈良的吉野山，但山林茂密，林業相當發達；其中的北山杉更是一種特殊建材，並非只是長大後砍伐下來即可，而是在成為梁柱前需要經過許多功夫處理的「作品」！起初我看到處理木材的諸多手續只覺得納悶，但聽了師傅說：「這是要幫木頭加上紋路的『壓縮』技巧」等等的解說後，很受感動便有些明白了。

巴士經過森林與村落繼續前行，積雪越來越厚了。這似乎也是今年此地下的第一場雪，有些沒有裝上鏈條的車子已熄火停在路邊，使得我們坐的巴士也無法順利前進。我開始無法安心地欣賞這片陌生土地的景觀，心想恐怕會遲到吧。巴士開到了平地上，不久便又是上坡路。抵達山頂時，又是令人感動的風景，這裡是栗尾峠，遠方能看見頗熱鬧的城鎮，但似乎仍非目的地。這是我和周山這塊土地的初次相見，也是我和周山街道長期交往的開始。

周山位於京北町的中心，到鶴岡去必須在周山轉乘巴士，路途還很遙遠。車子又來到了一個山頂，叫做深見峠。大概遲到了一個半小時，當我終於抵達積雪五十公分高的終點站鶴岡時，已經是中午時分。說來真是難為情，我居然沒有好好運用在周山轉車的空檔，結果一到鶴岡便衝進眼前的派出所借洗手間。當時的困窘，就像是昨天剛發生的一樣記憶鮮明。

那一天我穿著普通的無繫帶包鞋。做夢都沒想到會走在積雪中的我，好不容易步履艱難地抵達約定的聚會場所。鞋子裡面幾乎都是雪水，我實在是狼狽至極連滾帶爬地走進會場。對於同在京都卻有天壤之別的差異，感到驚奇不已！

負責人員大概曾到巴士站來接我，但因為遲到太久，對方終於不耐煩而打道回府吧。我一邊問路，好不容易才抵達會場，當時會場的有趣景象令我至今難忘。邀請我的是鶴岡婦女會，大雪之中三三兩兩前來赴會的女性裝扮真是十分特別！我試圖從記憶中找出戰時的服裝——綁腳褲，但她們穿的綁腳褲卻不太一樣。我也曾經縫製過綁腳褲，她們所穿的褲子似是而非，應該不是綁腳褲。因為下襠很短，相對地上身的和服較長。

之後她們告訴我，這種形式的褲子叫做「立掛」，是丹波一帶女性盛裝時常見的穿法，當然也可以作為勞動時的工作服。而當時大家都穿著正式的和服，搭配著「立掛」。

那之後已經過了幾十年了，今天幾乎已看不到立掛的穿著吧？年輕人多半穿西式服裝，立掛這種褲子早失去了必要性。立掛的設計是讓婦女只要將和服下襬紮進即可，可說是十分合理的穿法。這一點從大雪中的聚會也能一目了然。她們的腳上也都不是穿著草鞋，而是長統雨靴。對這些奇裝異服前來赴會的婦女，我的確是睜大了眼睛觀察了好一陣子！

大家都很熱情地招呼我，我已經不記得自己說了些什麼、吃了些什麼。我只記得自己一心將冰冷的雙腳靠近大火盆取暖，用過熱茶和餐點後，肯定說過「女人，加油」之類的話吧。

總之印象最深刻的是，千里迢迢來到這又遠又冷的白色世界。

歸途也是一樣，唯一不同的是沿途的積雪越來越少，回到京都市內已是夜幕低垂。我和周山街道的第一次接觸十分悽慘，卻也留下了清新的回憶，一段很吸引人的經驗。

爐邊會座談改善了山村生活

那之後到現在，我不知往返北桑田幾次了，第一次驚異連連的雪山行，是在毫無概念的狀況下造訪鶴岡，如今我對周山街道可說是銘刻於心，甚至連遠離街道的偏僻地區我也經常涉足。整個北桑地區在我的眼中，就像是一幅色彩柔和、溫暖親切的心靈風景畫一樣。

雖然我的走訪方式是一般所謂的觀光，但我的前提是和人們在心靈上交流。然後再加上美麗的風光、獨特的自然、個人造訪的印象等。說得誇張一點，因此增添了我人生的色彩，我覺得很幸福。

有一陣子，「爐邊會」（robakon）成為京都府的流行語，到處有人談論。

「驢子會？那是什麼？」大部分的人會問。

它其實跟動物的驢子（roba）無關，全名是「爐邊懇談會」。

地爐在日本幾乎已經百分之百地消失了，但還留下了文字。當然數量不多，例如「爐邊燒」，指的是多少還能發揮該文字機能的小吃店。事實上地爐已逐漸在現實生活中消失，包含了爐邊的閒聊。

我想起小學時候經常唱的一首歌：

母親倚著燈火縫衣裳

……

地爐裡火勢融融　屋外大雪紛飛

我最喜歡這一段，因為其他段唱的是男人的軍旅生活，而我最討厭軍國主義。歌詞中的母親身影和跟我說起新年種種話題的母親重疊在一起，所以我很喜歡這一段。

當然生活在都市的我沒有接觸過地爐，但透過圖畫對地爐也並不陌生。我記得在修身的教科書上有一幅畫，畫的是獵人將射傷的母猴掛在地爐上面，一群小猴子圍在母猴旁邊，就著爐火伸出手幫母猴取暖。

我真正開始接觸地爐，是在一九四三年就讀東北帝大，因為父親的關係，戰敗後借住在仙台近郊的一戶造紙農家。他們家的地爐跟我在戰爭期間跑去買黑市食物，或是勞動服務時前去農家幫忙所看到的地爐相比要大很多。將近有一張榻榻米大的巨大地爐總是燃燒著火苗，吊鉤下垂掛著大鐵瓶。許多菜不是在大竈就是爐邊完成，大鐵鍋裡的味噌湯，還有最棒的是在爐邊燒烤的魚串，滋滋作響散發出烤熟的香氣，有時是住家附近的名取川逆流而上的鮭魚，春天則是有著飽滿魚卵的鯡魚。對於當時只知道菜乾和醃鮭魚滋味的我而言，這些魚就是山珍海味！鯡魚在東北叫做「kado」。有生以來我頭一次知道可以將鯡魚肚子裡的魚卵（日文叫做「數之子（kazunoko）」）烤來吃，想到都不禁垂涎三尺。（順帶一提的是，鯡魚卵是從kadonoko音變成kazunoko，所以就語源來說絕對不可能是「數之子」。）

然而當年照顧我的阿部家的地爐在很早以前沒有了。家電製品的發達為東北的農家生活帶來很大的變化。更何況近畿地區的農家，地爐也在日漸消失當中。

地爐容易冒煙，不像瓦斯與電力能夠產生較穩定的能源，而且還必須很辛苦地準備薪柴，這些原因都加速了地爐的消失。

可是在京都，有一陣子地爐在語言中又復活了。

大家圍爐討論自己生活當中所面臨的種種問題，必要時可以借助行政力量，集思廣益探討為什麼會有這些問題？該如何處理？什麼時候該請政府出面，而不是全然地放棄，只是一心期待政府來幫忙處理。所有問題都必須經由自己的眼睛和心靈來面對——這是當時京都府教育委員會社會教育課所努力的目標。他們在轄區內設置了許多集會場所，不分男女老幼，所有的人都能來到公民會館或是寺廟參加座談，這個集會就命名為「爐邊懇談會」。許多關心居民活動的人士成為顧問，在京都府內到處奔走。

當然座談會中並沒有地爐，只是希望大家在圍爐般的氣氛下商談。在這樣的號召下，居民討論了各種話題，不放棄地為自己的生活點燃起明燈……這已經是陳年往事了，卻是當年聞名全國的京都社會教育實況。

我不像其他人士一樣是社會福利、經濟，尤其是農村經濟的專家，儘管幫不上什麼忙，卻也莫名其妙地直到蜷川虎三知事卸任為止，長期擔任顧問的工作。爐邊懇談會通稱為「爐邊會」，在整個京都府轄下產生極佳的效果，帶動了一種活力，不只局限在某一地區，原本已經銷聲匿跡的祭典在年輕人的熱情下復活了，多麼令人欣慰！尤其了不起的是，遇到棘手、絕望的問題，居民不再消極地放棄，開始從為什麼會這樣、瓶頸出在哪裡、我們能做些什麼等問題，由小到大進行探討。

我到過京都府內的許多地方，每一次都留下難忘的回憶，其中最縈繞在我心頭的就是參加北桑田各地的「爐邊會」，除了我之外也有其他顧問會去北桑，每個人都異口同聲稱讚北桑的好。有些地方的聚會一開始總無法達到政府所設定的目標，不是居民參與不踴躍就是與會人員話不投機、氣氛冷漠，這些地區的「爐邊會」徒留下痛苦的印象；不知為什麼在北桑地區的「爐邊會」卻很成功，我們在私下稱「北桑是社會教育的聖地」，因為在這裡我們親眼目睹了純真人心的開花結果。

我和社會教育課的人士經常一起走訪北桑各地。聚會通常是在晚上舉行。等到大家開口暢言，一向有些嚴肅的政府人員也敞開胸懷跟居民親切以對，往往直到夜已經深了，甚至還飄起了雪呢！於是他們會開車送我回家，在漆黑的北桑路上，有時會看見野狐或狸貓在車燈前受驚地橫越馬路竄逃。

「有時也會遇到熊或山豬呢！」說著說著來到大野水壩一帶，則會遇見水位高漲的水庫漫起如夢境般的大霧，或是看見明月散發著清輝。

由於常常在深夜開車回家，因此能看到許多難得一見的奇妙美景。第一次前往鶴岡時看到雪中的栗尾峠，就是常駐心頭的風光。那一次的歸程中，回頭從山頂俯瞰的周山城鎮也是美極了。尤其是那次跟市政府毫無關係、超過兩百人的聚會，會中聽著在美山開診所的醫生聲淚俱下的報告（這麼大的地區只有一間醫院，該要耗費多少心力呢？尤其當時重大外傷很多，醫生的工作十分辛苦。好不容易抽空完成一年一度的學會報告，正準備上路時，又因為一名心臟病突發的少年掛急診而不得不放棄發表的機會云云），我深受感動，甚至歸途上俯瞰著在煙靄瀰漫中沉靜的城鎮時，激動的情緒再度湧現，就像看著一顆靜靜散發光芒的寶石一樣，我們穿越周山驅車走在北山杉林立的陰暗道路中，那一夜至今仍鮮明地留在心底。

守護美山町茅草屋頂的中野金平先生

遇見過各式各樣的人，這些人多半在自己的土地上努力生活，過著獨特的人生。

我最先想到的就是住在美山町的中野金平先生。一如金平這名字的好聽好記，金平先生的名字在我們家已是耳熟能詳。即便先父跟他沒見過幾次面，因為常聽我提起也備感親切，還曾主動問起：「金平，還在努力嗎？」金平先生住在美山町一棟有著雄偉的茅草屋頂的房子，不論是爐邊會還是其他機會，只要我去造訪總受到他諸多照顧，聽他談起美山的生活種種都教人難以忘懷。

美山町，這個名副其實的命名是發生在合併五座山村、實施町治的時代。合併當時為了命名，各地區都傷透腦筋、煞費苦心，然而這個名稱應該讓此地的每個村莊都能接受吧。京北町意指位於京都北方，命名簡單明瞭；但美山町從文字上就能想見城鎮的風光。舊五村是平屋、大野、宮島、鶴岡和知井，各有各的風貌；唯一共通的是，綠意盎然的群山、流經山腳的河水，而且還是清流，以及散落其間、擁有茅草屋頂之美的村落。

茅草——利用乾燥的芒草束，重疊堆積而成的屋頂。茅草屋頂的材料，大概還有同性質的稻草、麥桿等東西，但最經典的還是茅草吧。環視整個日本利用乾草類所搭建的屋頂，

❼——整修茅草屋頂的農家。多麼壯觀的骨架，充滿了質樸、簡單與力的美，這就是美山町。

其實形狀互異，各具特色。我覺得丹波一帶有交叉骨架的茅草屋頂最美，骨架分為五根和七根，根數視屋頂的大小，也就是房子的大小而不同，必須講究門當戶對。總之因為有了骨架的支撐，屋頂的線條顯得乾淨俐落，呈現一種造型美。

金平先生長期擔任教職，曾有一段時期服務於教育局。當時就跟爐邊會的相關人士一樣承蒙他諸多關照。整體來說，北桑的老師都充滿了人情味，其中許多人的名字我永生難忘。爐邊會通常開到深夜，與會男女大多騎腳踏車前來。會議結束後，大家精神疲憊地各自尋車點亮車燈。我看著往四面八方散去的車燈消失在暗得嚇人的黑夜中，內心感動莫名。然後我在社會局人士開車相送下，以猛烈的速度直奔家門。從會場回到家的夜路，是一段驚心動魄的特別時光。換作是白天，肯定不可能這麼快到家。由於父母已經就寢，我總是以簡短的一句「那就下次見」和對方告別，並輕聲轉動鑰匙進入家門。這樣的夜裡，我總會坐在案前托著腮陷入沉思。萬籟俱寂的午夜過後，我不斷思索著人情生活的種種，久久才能成眠。

金平先生家歷代都是美山町北村的居民。他相當有才能，也很堅實地務農，最後做到了美山中學的校長。是個徹底愛好和平憲法、真正偉大的教育家，而且腳踏實地，行事磊落。退休後依然忙碌，最近我前去他北村的家拜訪時，看到他和朋友正在用可愛的稻草紮製神轎，準備送往隔天在京都市內舉行的大型民主聚會會場。那是初夏燕鳥出沒的季節，一名彎腰駝背但身體健朗的老太太（其實是他母親）在屋前整理鋪灑在蓆子上的茶葉。北村的居民勤奮、志氣高；北村的茅草屋頂也是美山町中最多的村落。平緩的斜坡上，有著以適當間隔散置的茅草農家；為了保存這些茅頂屋，金平先生長期以來奮鬥不懈。因為已經沒有地爐了。過去固然覺得烏煙瘴氣，但地爐燃起的火煙靜靜地透過天花板穿越木頭和茅草，其實也發揮了預防蟲害和除濕的效果。地爐已然消失的現在，為了保

❽——美山的農村，與大自然生息與共。

存茅草屋頂必須花費更多的心力。從確保修築屋頂的技術人員、茅草產地，到茅草的培育、茅草收割後的保存等都必須一一留意，建立一套完整的制度。我猜想金平先生正是此一運動的倡導人，因為有了他的努力，今日的北村因為茅草屋頂之美而聞名各地，並有觀光客慕名而來。

蘆生所見的熊肉罐頭和佐佐里的兒童

廣大的美山町有許多山谷，沿著其中一座山谷不斷向北深入山區，會來到京大實驗林所在的蘆生。在蘆生舉行爐邊會是很愉快的經驗。居住在實驗林前小村落的村民，精神抖擻地面對著人口稀疏的問題。大家以山菜為主製作的各種醬菜，銷售成績斐然。每次造訪美山町，總能收到這些禮物，我欣然地帶回家慢慢享用。好笑的是，有一次看到一隻月輪熊的剝製標本，旁邊堆放著熊肉罐頭。

「這隻熊的肉做成了這些罐頭嗎？」我問。對方笑嘻嘻地回答：

「沒錯。」

「如果全部賣完了，會怎麼樣？」我又問。

「到時候會再打一頭熊吧！」對方氣定神閒地回答。

感覺深山裡的居民都是同心協力地一起求生存。

另外在「佐佐里」山谷舉辦的爐邊會也教人難忘。一所很可愛的小學分校設在山谷的森林中。過去曾經有六十名學生，當時卻只剩下三人了（現在則是沒有半個人，肯定都被要求到很遠的小學就讀吧）。如此寂寥的土地，更顯得生活在其間的緊迫。那是不同於高度經濟成長期的空虛急躁，而是一心為存活而拚命的村民發自內心的無言憤怒與不安，像我這種沒有身歷其境的外來者是一點忙也幫不上。可是一旦提起了小孩的話題，父母的眼中立刻充滿了光輝。就連高中生也表現出對土地的愛，宣稱將繼承父母的工作，繼續守護父母的山。

北桑的小朋友經常會寫出感人肺腑的詩作。曾經讀到在京都版《朝日新聞》兒童詩專欄所介紹的北桑小朋友作品，令我十分感動，我在各地的演講中也常引用那些詩作。

晚上　和媽媽
一起洗澡
「媽，幫我刷背。」我說
「嗯，我幫妳刷。」媽媽說
「刷、刷、刷」媽媽幫我刷背
接下來換我
幫媽媽刷背
「痛嗎？」我問
「好舒服呀。」媽媽說
「媽，這樣我們都有了美好的回憶……」

這是佐佐里分校六年級少女的作品。下面則是京北町周山小學四年級少年的詩。

媽媽和奶奶
忙著挖杉樹苗
播種之後
三年才長成的杉樹苗
得小心不要挖斷樹根　用力挖出來
我抓緊鋤頭　挖掘根部四周
哎呀呀　感覺好像被拉了進去一樣
在爺爺的幫忙下
好不容易我挖出了　一棵杉樹苗

這就是堅強健康的北桑小朋友！儘管父母的生活充滿了苦難和不安，卻依然從這些孩子身上產生了希望。

山谷絕美。只要一下雪，佐佐里也能滑雪，因此

❾──美山町的三尊地藏菩薩。三個孩子的亡靈在此安息──安靜的淚水。

也有民宿。不只是冬天，春、夏、秋來訪一樣不錯。我好久沒去了，眺望北山時，心中總想起佐佐里的居民。

提起在各地舉辦的爐邊會，真是有說不完的故事。其中在京北町的回憶至今仍讓我心頭一熱，溫馨滿懷。

爐邊會的時間多半是在晚上，開會的地點則是公民會館或是區公所會議室。京北町的深山裡面，有幾間府營住宅，因為已經相當老舊，老實說很難為它美言幾句，但當地的人已長年居住其間。當要舉辦爐邊會時，居民才猛然問起：要在哪裡開會呢？起初決定輪流到每個人家舉辦，但是家家戶戶都很狹隘，開起會來真是麻煩！儘管移開了洗衣機和衣櫥還是很擠。

這裡的居民沒有集會場所，實在很不方便。固然可以跟隔壁村落借場地，但畢竟寄人籬下，感覺矮了一截。那麼，就靠自己的手蓋一間集會所吧！

居民之中沒有會蓋房子的木工，唯一一家勉強拉上關係的，是製作門窗的木匠。真是佩服他們！明明是一群門外漢，卻熱心地合力搭建集會所。主要是利用週末假日、使用收集來的廢棄木材，好不容易在半年後蓋好了。只有電力工程拜託專家幫忙外，一切都是靠廢棄物和自己的勞力完成的，甚至還有廁所。主要的勞動力是男人，但婦女也在一旁包飯糰幫忙打氣。

終於完工時充滿了喜悅。我也參加了在那個集會所舉辦的爐邊會，任何高樓大廈都無法跟這一間小屋相比，與會居民臉上都充滿了光輝。除了開爐邊會，府營住宅的居民也常常利用該集會所商討事情，有時也提供家中有喪事的人使用，今後又會帶來什麼樣的便利呢？這是大家同心協力下開花結果的喜悅呀！真是一群單純又快樂的人哪。

三尊地藏菩薩所訴說的三姊弟悲劇

有一個悲傷的故事讓我印象深刻，和爐邊會沒有直接關係，是我偶然聽見，為之心痛不已的故事。

眾所周知，現在林業蕭條，極其衰頹。進口木材不斷增加，國產木材除非很特殊，否則幾乎都很不景氣。提到北桑，北山杉因為是特殊建材，所以還能有所為，一般林業則是陷入了絕境。過去有所謂的農地解放，舊地主釋出多數田地，使得疲於耕作的佃農有了自己的土地，生活得以改善。但是山林的情況卻不一樣，雖然過去也有人羨慕「有自己的山真好」，可是今天山卻是苦難的根源，遇到雪害或颱風，長年累月辛苦栽種的樹木說倒就倒，更別提平常維護的辛苦了。

「有山有什麼用！根本掙不了錢。」常聽到許多擁山的人如此抱怨。除草、疏密、植樹的辛勞、野熊出沒、鹿隻齧咬等問題一大堆。北桑過去就是林業興盛的地區，據說佐佐里分校多達六十名學童的時期，就讀的不只是當地兒童，也有從外地來此從事伐木工作者的小孩。

這是關於那些人的悲傷故事。一對擁有三個小孩的夫婦來到美山町找事，夫妻倆找到了伐木工作，三姊弟則在當地小學就讀。一家五口開始了在美山町的新生活，到此為止故事還算幸福美滿。

一個下著大雨的午後，三個孩子決定到父母工作的地方去。大概是窩在群山環繞的小屋子裡忍受狂風暴雨，讓三姊弟心生不安吧！他們想要尋求父母的笑臉與安慰。他們很清楚地點在哪裡，三人手牽手急著趕路，山路越來越窄，林木越來越茂密，旁邊的河流因為雨水而暴增，發出洶湧的水聲，要到父母工作的地方得越過架在河川上面的獨木橋。如果是平常日子，他們早就高高興興、邊走邊跳地過橋了；可是那一天不一樣，獨木橋又濕又滑，姊姊驚叫一聲，失足跌入了濁流之中，接著兩個弟弟也落水了，附近只有濃厚的山嵐和不斷的雨聲。在深山裡工作的父母完全聽不到孩子的哀嚎，周遭也沒有其他人。當三姊弟一一在下游被打撈起來時，早已經斷氣了。

實在是太過悲傷的故事了。這件人們嘴裡不斷傳述的三姊弟之死，後來也傳進了蜷川知事的耳裡。傷心落淚的知事為表達寸心而主動捐助，三姊弟於是變成了「三尊地藏菩薩」，而今就供奉在意外現場附近。每次前往那一帶，我都會繞過去合十祭拜一番。

「他們的父母後來怎麼樣了？」我問。

「離開這裡後，不知道去了哪裡。」得到的是令人難過的回答。

希望那對天可憐見的父母別忘了祭拜已經變成地藏菩薩的三姊弟呀！也但願許多京都人對這個故事銘記在心，引以為戒。我在心中默默地呼籲。

事實上，在製作三尊地藏菩薩時，有許多京都人聽到了這個故事，在為孩子感到悲傷之餘，還創作了一些故事和歌曲。地藏菩薩的祭典一年舉行一次。我

⑩──美山町武正旅館。這裡曾是京都府立大學國語學教室的集訓場地，充滿了回憶。

去拜訪金平先生或是特意繞過去祭拜三尊地藏菩薩時，也許有些枯萎了，仍誠心供奉上象徵人間溫情的花朵。蜷川知事的美名永在，三尊地藏菩薩也已經成為美山町很重要的佛像了。

滿懷哀思，雙手合十，安靜的歲月在腦海中如卷軸般掠過，耳中聽見的是水流聲和五月拂過樹梢的風之歌，那是一個淒美的午後。

美山町武正旅館是香魚蓋飯和茅蜩之鄉

北桑之地魅力無窮深得我心。學生似乎也知道我的心思，那年夏天鄉野調查的集訓地點便選在美山町，合計約有十四、五人吧。我們京都府立大學的國語學研究室，每年在兩名指導老師帶領下會到各地進行語言意識調查，最遠到過奄美群島的沖永良部。和福井大學國語學研究室成員到福井縣大野市的集訓也很有趣。我們還去過和歌山縣有田郡的清水町；然而到過最多的還是京都府境內，例如丹後、間人、久美濱，和那一年的美山町。我們以宮島的武正旅館為基地，拜訪公家單位，隨機取樣當地的居民，透過各種提問了解他們對語言的看法。同行的同事樺島忠夫教授是這方面的專家，經由長年的四處訪查，對我和學生的研究助益良多，也讓我們學習到許多課題。而我帶隊訪查的另一個重要目的，則是希望讓年輕人知道不同土地的自然風光和居民生活是如何的充實。任何一塊土地都充滿了當地人的想法。深愛美山的我，是多麼希望讓他們理解我的愛從哪裡來。那是個迷你大學的小型講座，大家同時作息、同時用餐的鄉野調查，固然十分辛苦卻也其樂融融。當時的學生如今也都成為社會的一分子，那些日子應該會成為他們日後回憶的一頁吧？我這麼想是否太天真了。

在廣大的美山町到處尋訪隨機取樣的居民，進行一定內容的調查，雖說山裡涼爽，但畢竟交通不便，實在不是很輕鬆的差事。一連四、五天的調查，學生都很有耐心地完成了。

武正旅館是間小巧的旅店，門前有寬闊的清流，身處一天只有幾班公車經過的深山裡，得天獨厚地坐擁大自然風光。常有許多俳句詩人寄宿於此，所以櫃檯處貼滿了文人雅士落款題詩的紙簽。旅館夫婦敦厚殷實、親切有人情味，不在乎盈虧地對我們照顧有加。

至今我仍念念不忘的是午餐常吃到的香魚蓋飯。通常午餐我們不會回旅館用餐，而是各自在熱鬧的街頭找家店解決。可是在偏僻的美山卻不行，所以只好又回來麻煩旅館。而我們最常吃到的就是香魚蓋飯。「香魚蓋飯？那是什麼樣的飯呀？」聽到的人都驚訝不已。

香魚和蓋飯，分開來，我們都知道。兩者結合在一起卻是聽都沒聽過，更別提吃了。老闆笑嘻嘻端出來香噴噴的香魚蓋飯，簡單說來就像是鰻魚蓋飯，只是鰻魚換成了香魚。剖開的魚身已剔去骨頭，烤得焦黃的香魚蓋在熱騰騰的米飯上，然後淋上可口的醬汁。口感清爽、香氣四溢，的確是好吃！一向愛好美食的我，除了在這美山町的武正旅館外，就再也沒吃過香魚蓋飯了。

清晨、傍晚時分，常聽到鳴叫如瀉的茅蜩高歌。樺島教授常取笑我說：「壽岳老師一聽到茅蜩叫便特別高興！」

我倒是真的很喜歡茅蜩，一聽到茅蜩「卡哪！卡哪！」清脆爽快的叫聲就覺得心頭雀躍。這一點應該是來自母親的遺傳，先母也很喜歡茅蜩，以前常在比叡山和高野山聽到，或許這就是高山主要的魅力所在吧！有時看到電視劇中為了表現暑熱，就連城市裡也胡亂配上茅蜩叫聲的音效，真教人十分生氣！茅蜩可不是隨便就會出聲的，這種蟬只在一定的溫度時才會發出聲音，亦即天氣微涼的時候。即便在美山，也只有天色微明的清晨和溫度陡降的傍晚時分才會鳴叫。

我在京都近郊的住家則只在午後大雨過後的黃昏或是露水殘存的黎明，茅蜩才會突然放聲。此時父母和我肯定會很興奮。

「茅蜩耶，茅蜩叫了。我聽到了，我聽到了。」我已經開始大叫。

儘管是天色微暗的清晨四點半，一隻茅蜩在我家庭院附近卡哪卡哪地發出銀鈴般的叫聲，我也會肆無忌憚地吵醒父母：「是茅蜩耶，快聽！你們快聽呀！」

父母絕對不會生氣，反而會呼應地說：「聽見了，真好聽呀。」

然而我的父母也走到了人生盡頭，耳力大不如前，儘管我雀躍地在一旁大叫：「叫了，茅蜩叫了。」他們只是令人傷心地回答：「沒有呀，聽不見。」

「聽不見嗎？明明就在叫嘛！」我傷心地半哭喪著臉豎起耳朵傾聽。再沒有比這種時候更令人感到孤寂

⓫——京北町山國的常照皇寺。這裡的人和櫻花都流露出清明的氣息。

的了。

在美山這種地方，茅蜩可不像我們家只有一、兩隻，而是聽起來就像是一波清涼的大合唱。對當地人來說，就好像在我們家聽到油蟬或寒蟬一樣地沒什麼稀奇，對我而言卻已是人間天堂了。

這裡夏季涼爽，冬天積雪深厚。爐邊會多半利用農閒時期舉行，因此經常會開車在雪地裡奔馳或是冷冷地走在冰凍的夜路上回家。殘酷的大自然、溫柔的大自然，北桑的四季各有不同的印象。

九重櫻、牡丹盛開，常照皇寺的幽靜

最後對北桑的讚歌將在京北町山國的常照皇寺進入尾聲。從周山向右轉進山國，車程不到二十分鐘便來到名剎常照皇寺。

時間回到南北朝紛爭擾攘的時代。平安時代④已經結束，鎌倉時代⑤也即將落幕。後醍醐天皇⑥生活在激烈的政治活動中；北朝光嚴天皇⑦則是過著虛無艱困的日子，在位僅五年，而且根據《太平記》⑧的記載，常常在吉野山中徘徊，精神狀態不太對勁。他丟掉皇位後，在此丹波國的山國常照皇寺了卻殘生。我也很喜歡從周山到這寺廟的街道，有種典雅、沉穩、詳和的氛圍，自然令人心情平靜。畢竟是山路，行之不遠路的盡頭便是寺廟。

事實上我們一家人都很喜歡這所寺廟，最早提議來訪此寺的人是我。我帶著父親和病中的母親第一次造訪這所寺廟，那是距今有二十多年前的四月中旬，一個春日閒暢的日子。最吸引我的是廟中一棵天然紀念物的九重櫻，是從介紹櫻花的書中讀來的。據說繽紛燦爛，而且有種高貴之美，我禁不住誘惑，便邀約父母同行。我們挑了一天，進行這次的小旅行。從家裡出發車程約一個半小時，沿著北山杉夾道的山路，翻越幾個山頭，長途跋涉好不容易才抵達寺廟。從山門起又是上坡路，道路兩側森嚴莊重的八重櫻叢不知不覺間變成了茂密沖天的杉樹等常綠樹。九重櫻在哪裡呢？帶著些許不安與興奮的心情抬頭仰望，啊，我看見了！彷彿一朵粉紅色的雲彩突出於樹叢之中，我看見了一棵巨大的垂櫻。

「就是那棵樹！」我們親子三人異口同聲高喊。

再繼續往上走，總算才看到了寺廟的全貌。寺廟本身的建築不大，那棵櫻花樹就種在正殿前。苕帚掃過的白砂庭院充滿了禪味，同時還能聞到櫻花古木的飄香。瀰漫一股幽然的哀愁。

朋友早已經知會過寺廟的住持，我們受邀請至客廳接受禪寺風格的招待。對於光嚴天皇的生平我們略有所聞。這裡的櫻花雖美，但聽到光嚴天皇歷經波瀾壯闊的人生變革，終於在此寺廟覓得安居，並於辭世時留下漢詩表示：「不要造墓，就地安葬即可。任其自然作育松柏！」母親對貴為天皇的光嚴選擇這種方式辭世十分感動（母親遺言不要舉行喪禮，父親和我答應了。母親甚至也有意傚法光嚴院拒絕造墳的宣言，認為自己也無需流俗。但因為父親希望夫妻兩人一起入墓，而且也已設計好墓碑，她才勉為其難答應。）

除了九重櫻，這裡的桐谷櫻也很有名，廟裡還栽種了許多牡丹，奇妙的是這些牡丹直接就開在走廊邊。照理說此處便是引人入勝的賞花名剎，所幸廟方

---

④平安時代：從西元七九四年桓武天皇將首都從長岡京遷移到平安京（現在的京都），直到一一九二年源賴朝建立鎌倉幕府為止。

⑤鎌倉時代：始於一一九二年源賴朝建立鎌倉幕府，至一三三三年鎌倉幕府滅亡為止，是日本歷史上以鎌倉為全國政治中心的武家政權時代。

⑥後醍醐天皇：一二八八～一三三九，第九十六代天皇，拒絕依規定將皇位讓給光嚴天皇，將日本歷史帶進了南北朝時代。

⑦光嚴天皇：一三一三～一三六四，北朝第一代天皇，與南朝後醍醐天皇分庭抗禮。

⑧《太平記》：南北朝時代的戰爭故事，傳說是小島法師所作，書成於十四世紀後半。主要描寫南北朝的爭亂。

禁止遊客喧嘩，尤其禁止飲酒作樂，所以除了攜家帶眷的遊客安靜地賞花外，只能聽見圍牆外空地上當地婦女會叫賣香菇的聲音。真是個幽靜的所在！對於世俗常有的感嘆：「光嚴天皇真可憐，最後居處竟然是在如此孤寂的地方！」

住持疾言厲色地反駁說：「絕非如此，光嚴天皇終於能夠在這裡清心修行，那是多大的幸福呀！」

實地參拜之後，我們也由衷認同。

我們一家三口叨擾甚久，悠長的春日也開始逐漸昏黃，而且感覺身上有些寒意。這裡位於山腰，頗有些高度，我發覺怕冷的母親身體有些顫抖，便準備告辭，並詢問住持巴士的時間。

「啊，剛剛才走，還要等一個小時才會有車。」他的態度氣定神閒，很有禪寺的味道。雖然覺得好笑，還是多待了一個小時才踏上歸途。結果母親還是感冒了，當晚便開始發燒，臥床了好一陣子。

那是唯一一次和父母一起到常照皇寺出遊。但我卻很喜歡這間寺廟，有事沒事便來欣賞四季不同的風光。尤其是晚秋時的美景堪稱淒涼！沒有任何參拜遊客，最能感受到孤寂的氣氛。我常常將此地介紹給朋友，特別是來自東京的客人，還有學生，似乎每個人都會留下深刻的印象。其間這裡的櫻花樹枯死了，好幾百年的老樹終於到了壽終正寢的時候，當年的花開是何等的美麗呢？當地人說：「美麗就是這麼一回事，根本不留一點痕跡！」

對我而言，現在的櫻樹已經夠美了，雖然許多樹枝沒有開花，顯得有些令人心酸。但一如京都圓山第二代垂櫻的培育成功，這也是拜愛花人士的努力才能將前人種植的第二代櫻樹照顧出今日的繁盛，我們也才得以安心地賞花。

當我告訴東京人如何前去常照皇寺時，也會順便提供「賞花與麻糬」⑨的資訊。在前往山國的巴士起站，有一家名為「登喜和」的美味肉店，價格實惠，肉質精良。推開陳列著豬排飯、蛋包飯、牛肉蓋飯等樣品櫃旁的玻璃門，裡面就是「大眾食堂」。如果願意多花點錢，就可以上二樓的包厢享用壽喜燒。使用大量當地蔬菜的壽喜燒，味道好吃極了。有一位美食評論家稱讚這家店是「日本第一」；我不敢說得太過，但保證滋味肯定是頂級的。這也許對光嚴天皇太不敬，但對現代人的我們來說，參拜過常照皇寺，心情自然高漲，然後到登喜和飽餐一頓，開心得嘴角都合不攏了。這也是北桑世界之一隅。不論哪一個面向，北桑就是這麼深得我心！

---

⑨—「賞花與麻糬」：日文俗諺說：「與其說是賞花不如說是想吃麻糬」，意味醉翁之意不在酒。日本人習慣賞花時順便野餐，故作者提供美食資訊。

鞍馬街道——對深山的憧憬

常設立在住家門口的驅火神龕　貴船

⓬——鞍馬街道。和清淨豐沛的
鞍馬川融為一體的生活。

從南禪寺轉學到向日町

現今京都市的十個行政區中，山最多的是哪一區呢？

翻開地圖查閱，左京區、右京區、北區這三區的山地彼此都不遑多讓。下京區、中京區、上京區和南區等四區則幾乎都是平地，即所謂的城區；這裡是真實的「京都」，也是那些支撐京都特色的人們營生的所在。然而從知名的寺廟神社，如知恩院、八坂的祇園、高台寺往南，來到東福寺所在的東山區等，這裡不僅有自己的街道，同時也擁有深山高地；由東山區繼續往伏見區，就連接到醍醐的連綿山地了。不禁令人感覺京都真是個山城。

對過去的京都人來說，真正的城區其實很小，那些山高水綠的地方都顯得有些可怕，可說是「不一樣」的京都。曾經照顧我的藤田藝廊老闆娘已經過世了，小時候我因為體弱被送到一乘寺的她們家養病。後來身體健康了，但講話方式和行為舉止卻完全失去城區小孩的樣子。用現代的話來說就是距離感造成了文化意識的不同吧。

小學四年級時，我們一家從左京區南禪寺搬到向日町，也就是西邊。我也轉學就讀向陽小學。當時那裡是乙訓郡向日町（現在則是京都府向日市），實際上兩地距離相差不過十公里，但是身為小孩子的我已經能感覺明顯差異。那裡充滿了鄉下的好處，讓城區的小孩嘆為觀止，也能感受其中樂趣。勞作課要使用黏土時，全班同學便到附近小畑川，穿越草叢挖掘河床的黏土；帶著比城區時代多出五、六倍的灰色黏土回到教室，捏出雄偉的巨大作品。相較之下城區小學只能使用磚頭大小的黏土，真是寒酸呀！

六月，插秧的季節。有時上課的課程就是到田裡抓蝗蟲。經歷許多我有生以來的初體驗。我一向很容易適應新環境，不會愁眉苦臉，讓原本擔心我有轉學問題的母親安下了心。母親曾因童年時候的轉學經驗受到很大的打擊，難怪她會那麼擔心。

對我而言，南禪寺周邊深遠寧靜的氣氛始終難忘。搬到向日町後，每次家裡有事到南禪寺，我都吵著跟去。一接觸到向日町所沒有的幽遠空氣，即便是小孩子的我也會因懷念悲切而心情激動。

雖然只住過不到十年的歲月，何以內心對南禪寺、東山的景致會如此印象深刻呢？說穿了，那該是一種「推心置腹」的感情吧。總覺得山的那頭、路的那邊有什麼神祕的事物吸引著我。固然向日町也是十分有趣的地方，但是誘惑人心的風情畢竟不如南禪寺一帶。

長年以來，我幼小的心靈充滿了對山那頭的嚮往，也有許多滿足想望的機會。一如前往北桑的旅行，從正北方或往東或往西，經由不同道路走訪深山，每一次都讓我心情雀躍。那是一種發現的極致感動。

附近就是鞍馬，隨時都能前往，只要三十分鐘，不就能置身在好玩有趣的地方了嗎？

在岩倉同志社高中度過的鐘點講師時代

我在一九四六年（昭和二十一年）九月，畢業於東北帝大。常有人問我：畢業不都是在春天的嗎？我寫這篇稿子的時間是在一九九三年秋天，號稱是「學生出征①五十週年」。那是個萬惡的年代，正值十五年戰爭的末期，根本無法好好接受高中教育，三年的就學期間縮短成半年，一九四三年（昭和十八年）九月底我於京都府立女子專科學校畢業，十月一日便就讀東北帝國大學。入學考試在九月初，考試期間隨時得擔心空襲，我還記得當中還真的響過一次警報呢。

①—學生出征：昭和十八年，日本撤銷了全國大學、專科文科系和高中生暫緩徵兵的命令，要成千上萬的學子投筆從戎，是為學生出征。

女校時期的學校旅行除了去過東京，就沒有到過近畿地區之外的地方，更別提在外地生活過很長的歲月。這樣的我卻在戰時遠離京都到仙台居住，實在是人生中的一大變化。個性開朗的我，總算是平安無事的回到故鄉，可謂名副其實的生還者；大學二年級那年的夏天（一九四五年七月）發生在仙台的大空襲著實嚇人，至今我都覺得自己真是命大！

那三年學生生活的初始，我害的思鄉病十分嚴重。全日本的民生資源陷入不足，即便是生活條件比京都優渥的仙台也不例外。在物質缺乏的同時，又遠離了父母關愛的家庭，加上住宿生活也面臨許多問題。此外還有一個我沒有察覺的因素，那就是我其實無法忍受離開京都那種生活環境的寂寞。固然仙台很有特色，也很好玩，我也充分享受其中。但不管怎麼說，京都畢竟是京都，尤其三面環山，所到之處充滿了陰影，誘使人想一探究竟。這一點仙台跟京都就不一樣。仙台的一方是山城盆地，另一方則是仙台平原，兩者差距甚大。雖然也有山地，如雪景迷人的泉岳、稍遠處知名的藏王等，卻都太過雄偉，不像京都的群山低緩，而且深入市區。

鞍馬就是典型的代表。我大學畢業後擔任過三年鐘點講師的同志社高中，最早是位於今天烏丸今出川同志社學園寬闊校園裡的一隅；或許是因為難耐高中生註冊商標的健康活力，於是將學校搬遷到新天地岩倉，直接使用一所前高商的校舍。我在那裡繼續服務了兩年，之後便轉往京都府立大學（當時稱為西京大學）任教。

鐘點講師，而且只有三年。在岩倉的兩年是很珍貴的時光，我對什麼事務都感到新鮮有趣，如今回想真是懷念極了。那時的日本社會還留著戰後貧困的濃厚色彩，所以同志社有許多嘗過從大陸撤退的辛苦才又回歸校園的學生。

仔細回想，其中不乏京都大商家的子弟，行為舉止落落大方。剛從大學畢業、年方二十五的我跟這群老店的小孩、大學教授的小孩、醫生的小孩等各式各樣的學生有著愉悅的相處經驗，其中也有十分調皮的孩子、悠然自在的孩子和看起來很老成的孩子，如今回想起來，不再擔心戰爭、手持和平憲法、仰望著天空的他們（沿襲舊制中學的傳統，女學生的入學比較落後）就像是新生的日本一樣，彼此之間是那樣的明朗和諧，不像現在陰險邪惡的教育狀況。儘管衣衫襤褸（同志社至今仍沒有制服）、粗茶淡飯，大家卻都淳樸可愛，沒有人會逃避上學。在今出川校區或許還會感覺到一些傳統的壓力，但是到了開闊自由的新天地便完全解放了，大家都活蹦亂跳的。又因為是教會學校，有許多會唱歌的學生，一到午休或是放學之後，都能聽到各種聖歌的旋律，接近聖誕時節則是哈利路亞等各式各樣的聖誕歌曲。因為腿粗，學生都暱稱我為「蘿蔔」；腿粗是事實，但我會故意促狹地翻臉回應：「隨便你們叫我是蘿蔔或是蕪菁都無所謂！」

而今最感到奇怪的是，當時大家似乎都沒有「為考試而讀書」的想法。不論年輕或資深者，每一堂課的老師都很有實力且認真教學。像我雖然不是科班的師範畢業，也不懂什麼教學技術，但對研究生活充滿了野心，其他年輕老師也都滿懷熱忱。不論是理科還是文科的老師，人都很好。尤其重要的是，他們多數是道地的同志社人，也就是說同志社精神已深植在他們的骨子裡了。自由和節制維持平衡，那是一段輕鬆自如的時光。

保存太古風貌的寶池

偌大的一所學校就設在田地中央，校舍顯得相當破舊。一如戰時的學校一樣，岩倉的校舍雖然簡陋，自然環境卻很棒。搭乘從出町柳發車、京都人暱稱的叡電（正確名稱應該是京福電鐵），搖搖晃晃沿著比叡山腳奔走。茶山、一乘寺、修學院等站名響起，真令人十分懷念。到了寶池站便分為往八瀨方向以及往鞍馬、貴船方向的兩條線路。寶池舊名山端，山端之名頗教人懷念。當然寶池自古以來就有個大池，這個地名也很好聽；但今天的寶池因為有國際會議場、大飯店等可怕的東西而形象大變，恕我直言，這種形象只會讓熟悉昔日京都的人們慨嘆不已。

那是就讀女校第五年的深秋吧。我和好友到寶池寫生。我就讀京都府立第一高女時的美術老師是安藤百子老師，學校從一年級到五年級實施一貫的美術教育，課程如下：

一年級：筆觸、基本的靜物寫生

二年級：以水彩為主

三年級：日本畫

四年級：第一、二學期學習炭筆的石膏像寫生

五年級：日本畫、粉彩、油畫、寫生，任擇其一

我毫不猶豫地選擇了寫生。不知道為什麼我從小就擅長畫人物，還記得兒時曾經在飯桶蓋畫了一個少女頭像，害得母親又好氣又好笑！

我對粉彩完全外行，雖然有些嚮往，卻始終沒有正式學過。幸虧一起到寶池寫生的朋友選擇了粉彩，她一口承諾「借你用」，於是我們很高興地出發了。

當年的寶池幽遠深邃，如今根本難以想像。池面相當寬廣，周圍長滿了樹，氣氛靜謐。我們坐在池邊的空地上，將畫板架在腿上，努力在畫紙上畫下寶池的風光。朋友教我畫粉彩的技巧，好不容易才完成一幅作品。作畫期間，偶爾會下起陣雨，甚至還看到了彩虹。有好長一段時間，都沒有人走近我們，那是一段屬於自己的悠閒時光。

當年充滿太古風貌的寶池，今日已面目全非了。寶池大半已遭掩埋，只剩下小面積的水塘有天鵝悠游其上，過去的寶池肯定有許多野鴨水鳥飛來吧。像艘巨大軍艦一樣矗立的國際會議場前面，是一間圓形的

大飯店。似乎是為了作為一種補償，那裡蓋了一條頗受市民喜愛、名為「椿之道」的馬路。然而因著那條馬路也改變了市容條例（我記得是為了某縣要蓋高爾夫球場而變更了市容條例），使得大型資本的飯店興建得到了許可。

昔日的寶池，昔日的風貌。如今同志社高中重建了美麗的校舍，當年那所粗製濫造既像是禮堂又像是教堂的建築，也變身為漂亮的教堂。

京阪電車也跨越三条站到出町柳和京福線相接，車廂也全部換新。曾經是樹林、田地密布的山谷變成了住宅區，變化日新月異。

如果有人只記得戰前或是戰敗不久的岩倉，現在看到了肯定吃驚不已；突然冒出了許多房舍和名為精華大學的特殊學校；也有公立高中了，會議場周邊有一所平安教會，該教會原來位於烏丸二条，是那附近漂亮的紅磚建築群之一，不知何時竟整個搬遷到岩倉了。當然建築樣式跟過去截然不同，但依然高聳壯麗，彷彿象徵著煥然一新的岩倉！

喜愛山端平八茶屋的父執輩

新樣貌的岩倉依然有著清新的群山環繞，幽靜的氣氛一如往昔。新的岩倉住民一樣喜愛岩倉。有人曾對我說過：「工作一天回家後，心情便能完全放鬆。因為山區的空氣清新。」

儘管岩倉改變了，但還是努力地保存京都穩靜的風味，看來是因為岩倉所處的深山地區傳遞出來的清新訊息吧。

叡山電鐵在八瀨、大原的分歧點，其站名為寶池，很早以前叫做山端。相較之下我喜歡山端的名稱。我通車往返同志社高中的時代就叫做山端，後來因為國際會議場設在寶池一帶，才將「山端」改為「寶池」。

舊名「山端」其實由來已久，可以顧名思義感受

清遊昔日的京大翰墨會。山端平八茶屋。津田青楓繪。

到美好時代的風景和氣氛。同時也令人想起作家夏目漱石②在《虞美人草》③中的文字。

在那個時代之後，家父年輕時和河上肇④博士有些淵源，曾將一本書畫帖交給博士的兒子政男先生（因為體弱多病，無法過正常的學生生活，父親常去教他英文，算是另類的家庭教師吧），請他轉交博士以及和博士交好的朋友揮毫。不久之後，政男先生過世，好不容易才從哀痛欲絕中重新振作的博士，在那本書畫帖上留下畫作並寫下感人肺腑的文字，真是十分精采的一本書畫帖。除了有河上博士的揮毫外，還有狩野君山⑤博士，甚至是津田青楓⑥博士的畫。

那些畫很有意思，當時狩野、河上博士以及和河上博士思想產生共鳴的津田畫家經常聚會共享風流韻事。其中一幅畫上，河上博士題詞為：「初夏時節，受君山博士、青楓畫伯之邀至郊外旗亭一遊」。

所謂的旗亭，就是今天還依然生意興隆的「山端平八茶屋」。那幅畫畫的是大正十四年（一九二五年）

的平八茶屋。儘管如今道路兩旁房屋林立，但茶屋始終保持原貌。看著畫，透過平八茶屋令人懷想當時山端一帶，或者說是鞍馬街道的昔日風情，也能感受到之所以以「山端」為地名的本來面貌。

戰後的岩倉固然氣象一新，但越往北邊的道路越來越狹窄，街道也保有昔日的景致。通往鞍馬街道的路徑很多，經過岩倉是其中的一條。主要是沿著叡山電鐵，再沿著高野川的支流慢慢地爬上貴船、鞍馬。

雖然戰後蓋了不少新穎的住家，但整體感覺仍像是走進了時光隧道一樣。我們心情雀躍地走在其間，不禁讚嘆道：原來古人的大道就是這種樣子呀！到貴船一帶，林木青翠蒼鬱，不時聽聞流水潺潺，實在很難想像這也是在京都市內！

這裡的山神祕詭異，看起來有些嚇人。在謠曲《鐵輪》⑦中，這山甚至是人們雪除心中怨恨的場所。從以前到現在我常往山裡跑，也曾經到過那個在丑時參拜的名勝。在我學生時代，這裡也是採集昆蟲的聖地。貴船的山邊就是鞍馬，鞍馬寺自古以來就是京都人的信仰對象。在對「物」十分崇拜的中世，供奉賜福的毘沙門天⑧的鞍馬寺門庭若市，也很盛行閉關齋戒。狂言⑨之中有一折就提到和主人一起到鞍馬寺參拜祈福的僕役太郎，和主人之間的趣事。

②—夏目漱石：一八六七～一九一六，東京人，小說家，日本近代文豪。著有《我是貓》、《三四郎》、《心》等書。

③—《虞美人草》：夏目漱石的處女作小說名，其中一段故事的舞台背景是京都。

④—河上肇：一八七九～一九四六，山口縣人。思想家、經濟學者。因加入共產黨，死於牢獄中。

⑤—狩野君山：一八六八～一九四七，漢學家。

⑥—津田青楓：一八八〇～一九七八，畫家。

⑦—《鐵輪》：故事描寫一名為丈夫拋棄的女人為了報復，頭戴鐵輪頂著火，塗紅了臉，身穿紅衣，於丑時參拜貴船明神，詛咒丈夫和他新婚妻子。

⑧—毘沙門天：毘沙門天為四大天王之一，守護北方。右手持三叉戟，左手拿寶塔，作忿怒像。

⑨—狂言：穿插在能劇中表演的滑稽短劇。

充滿神祕的鞍馬寺和街頭老店木炭批發商匠齋庵

興建於平安時代的密教寺廟、許多故事傳聞產生的鞍馬寺，今天則顯得寂靜無聲。叡山電鐵的鞍馬站是個寂清的終點站，從車站到寺廟的一小段參拜道路，感覺很有味道。也算是一種商店街吧，卻聽不見販賣花椒芽、山椒等土產的店家熱鬧叫賣聲，是我一向所喜歡不同於一般商店街的優雅氛圍。

想來過去的鞍馬街道，曾經車水馬龍十分熱鬧吧！今天卻像是封存了昔日，呈現出一種不可思議的感覺。

然而鞍馬街道並非是信仰朝聖的道路，從車站到寺廟的道路或許可視為宗教廣場；但鞍馬街道本身則是跟生產相連結的生活道路。

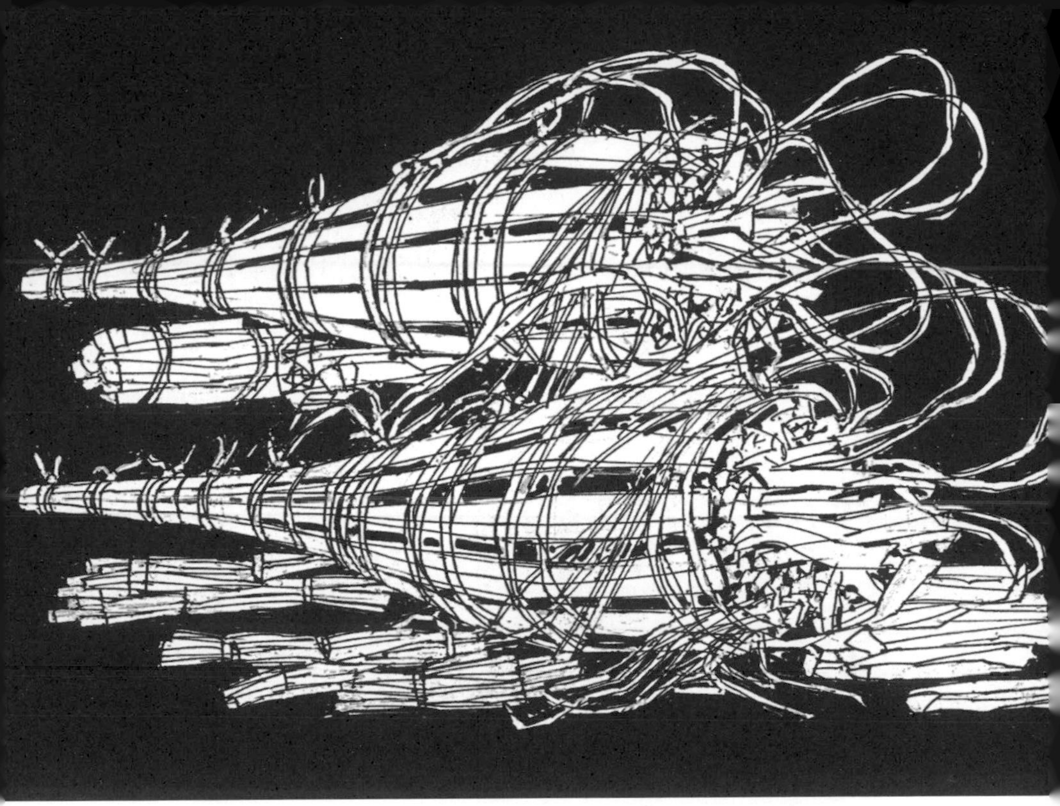

⑭——鞍馬，火祭（十月二十二日）用的大火把。不禁令人想起點燃時的感動。

我坐車經過鞍馬街道時，注意到一間恢弘的民家，當然不是那種外面有高牆、庭院環繞著的豪宅，而是處於櫛比鱗次民家中的一戶，隔壁是我最愛吃的花山椒滷菜店，感覺也很好。那戶民家是商家風格，卻看不出來是做什麼生意，門上掛著「匠齋庵」的招牌，意味著任何人都能進去看看。我試著走進去，裡面的格局真是壯觀，連結後面新蓋的住家部分，顯得很有味道。主持家務的年輕主婦品味很高雅，對民藝品也頗具眼光，就連各式各樣的生活工具也都選用搭配房屋沉穩的木造風格；爬上極陡的樓梯來到二樓，從窗口俯瞰的街道風景令人驚豔。客廳也很漂亮，尤其是華麗的佛龕令人著迷，所謂的華麗並非指金碧輝煌，而是使用了高雅的描金漆器，十足展現出京都的味道。

對了，這家店過去是做什麼營生呢？答

⑬——鞍馬，門前町土產店門口的擺設。名產的滷製品、醬菜、天狗面具等。提供逛街的樂趣。

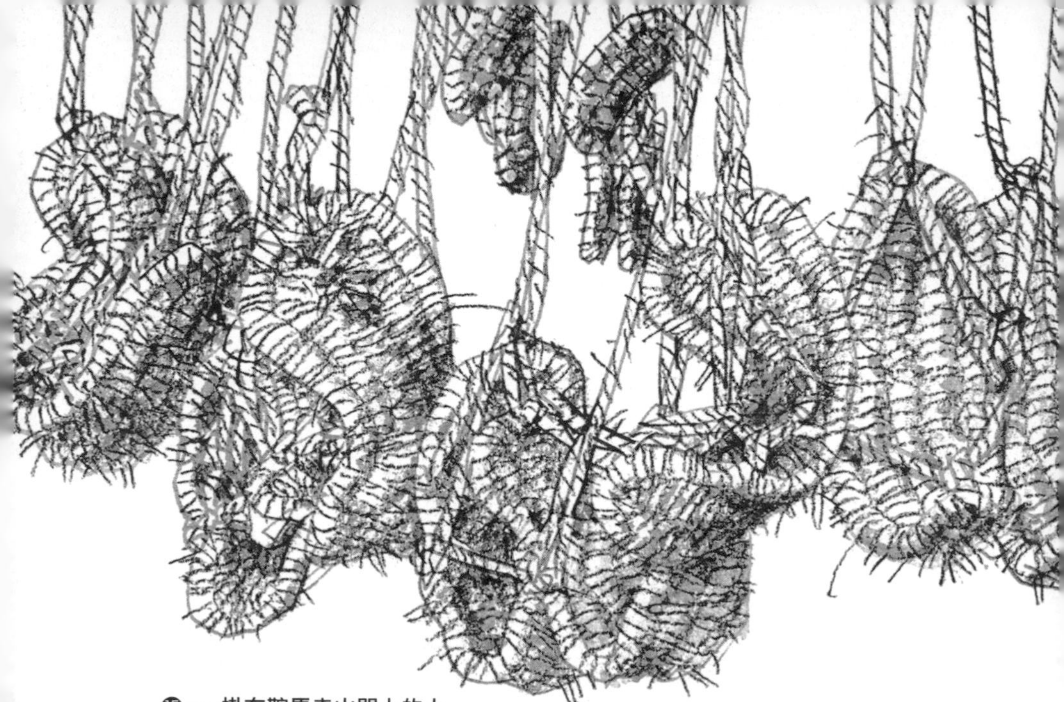

⑮——掛在鞍馬寺山門上的大草鞋，見證過往旅人的足跡。

案是木炭批發商。我聽了有些驚訝卻又了然於心。根據多方收集來的資訊，鞍馬街道過去累積的歲月就像走馬燈一樣浮現眼前。在沒有汽車的舊時代，也就是我小時候吧，京都市內還能看到牛或馬拉的車，當時充斥在鞍馬街道上的就都是牛車。

生活在現代的人，尤其是年輕人，根本無法想像當時的情景。雖然也有煤氣爐和電暖爐，但那是給客人用的，當時的日本不論是暖氣還是做飯全都仰賴柴火，家家戶戶都是用火盆來取暖，使用一袋袋買來的木炭，所以木炭店隨處可見。

我們家的起居室至今仍擺著一個大火盆，春天時收進儲藏室，冬天便拿出來，點燃煤球放在暖桌裡用；煤球不好買，幸虧鄰市的一家燃料店還有供貨。戰前幫忙送木炭的店家一一關閉了，在我找到這家店之前，常常是有一搭沒一搭地湊合著用。木炭還算好買，尋找煤球著實吃了

⑯——呈現功能美的舊時廚房。
大竈和水井。匠齋庵。

⑰——鞍馬街道的匠齋庵（昔日的木炭批發商）。右鄰是醬菜老店辻井。二者都是日常生活的重要骨架——燃料和食品。

⑱——日吉橋附近的農家（大布施），有種歷史的沉靜和恢弘的氣勢之美。

⑲——花背，農家庭院裡的芍藥和屋頂的交叉骨架。大自然與人工技藝的巧妙調和。

不少苦頭。不斷打電話詢問的過程中，回答「我們沒有賣」可不希奇，有些年輕老闆還會反問「煤球是什麼」，真令人感慨世事的變化呀！

還好我已經找到了購買木炭、煤球的門路，儘管價格昂貴，我卻還能享受火盆取暖的樂趣。已過世的雙親也很喜歡火盆，總是說：「看著水壺冒著熱氣的感覺真好！想烤點什麼來吃也不必跑到廚房開瓦斯爐，坐在暖桌就能直接烤了。而且暖桌就是要用煤球溫度才剛好，插電的一下子就會太熱呀。」

現在只剩我一個人。每次都得不厭其煩地到儲藏室取木炭、煤球，這時深深體會到父母健在的好處。既然是孤家寡人一個，何不改用簡單便利的電熱器呢？因為唯有使用煤球火盆和暖桌才會讓我產生父母同在的幻覺，所以我堅持不換。

過去的京都煤球是用來自和歌山的橡木樹幹製成的上等硬炭，今天卻不一樣了。小巧容易點燃、號稱天下一品的京都煤球已然消失了，取而代之的是島根縣的產品。木炭也因包裝不同內容物有異，現在使用的是暖硬度介於中間的高知縣產品。總之能夠使用炭火取暖，我已經十分滿足了。

從我們家的火盆需求自然不難想見當年鞍馬街道的熱鬧景況。載滿裝著木炭的稻草包下山的牛車和上山的空車交錯而過，那是怎樣的榮景呀！

因為有那些車子的進進出出，木炭批發商的生意興隆。我坐在這個美麗的客廳裡想像著牛隻發出哞叫聲，以及人聲鼎沸招呼上下貨物的鞍馬街道的往昔。

杜若家的燕子花

那些木炭是在哪座山燒製的呢？是在花背和廣河原。鞍馬街道過了鞍馬便進入春、夏、秋三季都綠意盎然的山區，而且是深山之中。花背位於柳暗花明又一村的山中開闊處，零星散落著美麗的茅頂屋，有自己的小學、中學。今天這裡已是觀光名勝，過去在冬天也能滑雪。

以前花背是以夏天涼爽而有名，常聽說學生和學者在此租借農家過著知性生活。現在變得很熱鬧了，不像當年是很安靜的地區，有些地方還曾因為大風雪而遭到封鎖。或許是因為「花背」的地名很美，會讓未曾到訪過的人們產生一種略帶神祕的憧憬吧。

廣河原一如其名，位於面臨河川、沿途樹木繁茂之處。我是在後述的久多之行才知道這個如夢似幻的土地。廣河原有個名字夢幻到令人難以置信的村落叫做「杜若」(kakitsubata)，也有巴士站牌。它的名稱由來很有意思，杜若村裡居然有一戶姓「杜若」的人家住在馬路邊，杜若家自古以來門口便有一方小池塘，池裡種有燕子花⑩。尤其令人驚奇的是，池中的燕子花一年四季盛開不歇。「住在杜若的杜若家池塘裡的燕子花」，我很喜歡這個故事，回家後說給母親聽，結果母親也很高興地記住了這段繞口令似的句子。當時我曾經在某報紙寫散文專欄，為了避免村落的寧靜遭到破壞，我故意隱藏正確的村名，寫了一篇說故事般的散文登出。儘管我如此煞費苦心的保密，村落還是日漸有名，甚至還傳出有人偷偷跑去摘取那裡的燕子花。因為其他地方的燕子花沒有那麼強的生命力，不會四季皆開花。那地方的樹木青翠欲滴，清新的潺潺水聲，時而還能聽聞鳥鳴巧囀，在那種地方生長的美麗花朵自然可以一年四季展現嬌容！

其實這地區就在北桑田郡附近。五月的新綠時節，我曾經搭乘在《喜樂京都》一書中認識而友好的葉茶屋的竹村先生便車，從鞍馬一路兜風前往花背、廣河原和北桑。雖然都是很熟識的地區，但因為不是為了演講而來，更能悠閒地感受自然與人文之美；而且一邊聽著竹村先生介紹「這裡的重點是香魚」等說明一邊兜風，實在是很愉悅的經驗。離開花背不久便進入北桑田，那裡有自成一格的文化圈。塗成紅色的

⑩—燕子花：燕子花的發音同「杜若」，都是kakitsubata。

燕子花、花菖蒲。常見於神社、寺廟池塘、農家庭院，賞心悅目的花朵，各有風格。

溪蓀
燕子花
花菖蒲

⑳──舉世聞名的日本建材之美，一般民家也頗有看頭。弓削的高宮家。

圍牆、格調高雅的住家建築，令人百看不厭。尤其從花背到北桑的山國沿途之間的石楠花最是迷人。這些獨自在山中綻放的美麗花朵，一直以來就是引我入勝的關鍵因素。

弓削町高弓先生對造林業的熱忱

走訪常照皇寺之後，便直接離開周山街道，前往竹村先生的友人高宮家叨擾。相見之下才驚訝地發現，原來對方是我長年服務的京都府立大學農學院林學科的老畢業生。在此京北町從事和森林相關的職務，卻儼然擁有大戶人家的富泰氣象。

豪華壯觀的宅第、大門面對馬路的氣勢，以及內部格局的穩重風格；尤其讓我感覺不可思議的是，儘管房屋的結構很古典，充滿了傳統古風的安定感，卻又瀰漫著一股新的氣氛。聽了主人的說明才恍然大悟，原來最近許多人家在代代相傳的土地上重新翻修舊屋。木材全部來自自家的山林，而且不只一種，而是因應不同需求選用適合的樹種。他說出了好多種類的樹木名稱，我聽了只有讚嘆連連。

這真是最奢華的住宅，然而這種奢華又不會氣勢逼人或是令人畏懼。前面我曾提到擁有山的人的辛苦，因為進口木材與日俱增，種樹的人根本無法賺錢；造林本來就很辛苦，又加上人手不足。日本的第一產業之中，林業已面臨嚴重困境，即便是身為門外漢的我也感同身受。面對這種苦難的人，為了彌補辛勞而用自家木材重建住家，這也是一種生存方式呀。

廚房的泥地上有著傳統的大竈，聽到我高聲驚呼：「哇！好棒呀！」女主人苦笑說：「冬天很冷的。」說得也是，我可以想像得到。果然男人蓋的廚房，就美學觀點來說很不錯，但對平常在此工作的女人家而言卻是不合宜的。我一邊祈禱女主人不要因此著涼了，一邊告辭離開高宮家。那是一戶值得再訪的人家。

從鞍馬街道往北桑，除了經過花背外，還有另一條道路；從鞍馬街道的貴船口穿過貴船，經由以歌舞伎有名的芹生，同樣也能通往京北町的黑田。這也是一條我所喜愛的美麗道路，如今道路已修整得很完備，修整之前可是很精采的。我永遠難忘搭乘友人的福斯汽車從北桑到貴船的恐怖經驗。車道狹窄得僅容一部車通過，而且又是碎石子路，簡直就像是開在階梯或是河床上一樣；加上天色也暗了，幽暗的森林陰森恐怖，當車開到貴船時，我懸著的一顆心總算才能放下。可是在幾乎沒有人行走的自然環境中，那條總算還稱得上是道路的山路卻留給我深刻的印象。我不禁思索起人和道路的關係。

總之，京都北部各種風貌的街道、道路，總能引發人在面對大自然時的重要認知。

敦賀街道——前往春光明媚的久多

懸掛在玄關的烏瓜　久多

㉑——花折峠的七拐彎道。滿眼綠意的彎曲山路，不禁令人感覺步履輕快。

㉒——從花折到久多路上的小學校。
原始的學校風貌，心靈故鄉。

左京區的久多是滿山紅葉的祕境

我對「久多」一無所知。受邀前往該地區小學的育友會演講則是我和久多結緣的開始。那是在二十多年前的勤勞感謝日①。

「在很偏遠的深山裡，風景很漂亮。要不要一起去呢？」

在大學同事盛情的邀約下，我搭乘市政府（應該是教育委員會）派來的車子前往久多。那是個深秋晴朗的日子，不知道為什麼是吉普車，因為一開始走在柏油路上，所以我對開吉普車來覺得很納悶。不久之後我便了解了，不同於來時路，歸途路況之糟糕跟沿途景色之美成反比，時而竄高時而陷落的路程，真不知腰部如何承受！

前往久多的道路，先得從八瀨、大原經過古知谷，然後才進入滋賀縣。從地圖上來看，就是沿著葛川穿過比良山系和丹波高地之間；如遇到冬季路況難行，則越過花折峠來到一個名叫梅木的小村落。那裡有間漂亮的寺院——明王院，旁邊有淙淙涓流經過，一眼望去是個令人心情舒暢的好地方。順著那條路直走便會通往滋賀縣唯一的村莊朽木村，我們在此左轉沿著葛川支流，一路貪看河川、山林之美，不久又回到了京都市左京區進入久多。

一開始我們還東張西望，莫名其妙之間便抵達了該小學，吃過午飯後才開始演講。久多雖有群山環繞，但低地頗多，所以有學校、郵局、神社和小型旅館，感覺就像是個世外桃源。

久多還有許多小村落，其中一個名為三軒家的地方，居然還沒有電力可以使用。聽說有個上山做活的人在河邊洗鐮刀，突然覺得背後有什麼東西撲上來，轉頭一看是隻熊，還好他太太隨後趕來救他，總算是平安無事。不禁教人驚訝這也屬於京都市嗎？關於電力方面，剛好我和關西電力有些交情，便拜託他們盡可能早點處理，聽說已經完成了。至於熊的問題，我就束手無策了。

那天的歸程，我們到了廣河原。在廣河原之前，車子是開在高崖的邊緣，固然可以欣賞到滿山紅葉——而且是天然檜杉，而非植木林的美景；但一路顛簸，直到聽見廣河原杜若家的故事時，才算走到較平穩的巴士車道。到了貴船一帶總算路況良好，這時我已經腰痛得哀叫不已。吉普車沿著高野川行駛時，早秋的夕陽落得早，天色已暗，因此當看見對面車道開來「往廣河原」的京都巴士時，心中感動莫名。還記得看見巴士司機努力地穿越黑暗的山路往廣河原邁進時，我甚至想向他道一聲「辛苦了」。我和朋友在河原町的鬧區下車，找了家店坐下來喝咖啡放鬆心情。一面相互抱怨著最近再也不想坐車了，一面看著京都市區的燈火輝煌，跟剛才三個小時走來的黑暗地帶對比明顯，不禁感慨萬千。

常本佐喜子女士自豪的山村生活

那是我第一次的久多之行。之後經過了幾年的歲月，才又很意外地造訪久多。因為時間久遠，是什麼樣的機緣我已不復記憶，總之，從此便不時跟在久多「生活改善團體」奮鬥的常本佐喜子女士開會見面。常本女士就像是一般生活在農村、健康開朗的女性，而生活改善團體的組織其實日本全國各地縣市都有。就國家而言，跟農林水產省有關；以自治體來說，則隸屬於農林相關部門；其宗旨是基於女性的眼光來關照農村生活，以女性的心思重建生活，並具體推動各種活動。這是一個以女性為主的聚會。

我原來就跟丹波地區這種類型的組織有好幾十年的交情，彼此感情深厚。一年一度我都會回去住住，自稱是「壽岳章子的返鄉之旅」。我的作品中也常常

①—勤勞感謝日：日本國定假日，十一月二十三日。

久多勞動婦女的盛裝，不但美觀而且很有機能性。

提到丹波生活改善團體的成員，我的確從她們身上學習到很多。

丹波，尤其是船井郡地區的團體，真可說是我的知心朋友。而京都市左京區花背、久多等地方團體也很積極地辦活動，所以我才有緣認識常本女士，激盪出美麗的火花。

經由媒體得知久多有一種花笠舞的祭典，我很想一睹為快，只是聽說該祭典是在深夜舉行，住宿成了一個問題，當時常本女士立刻拍著胸脯邀約：「就住我家吧！」幫我解決了難題。

祭典的日期是八月二十四日，是在鞍馬到花背、久多一帶舉行過名為「舉火」的中元習俗。我沒有看過舉火儀式，聽說是將點燃的火把投射進高舉在半空中的鐵籠裡，場面十分雄壯。我固然是為了欣賞花笠舞而去，但看到沒有燃燒殆盡的黑色火把，在寂靜暗夜中舉火儀式的火花似乎已歷歷在目。

這裡雖是京都市左京區，卻沒有公營的交通工具，還是得麻煩別人開車相送，還好我研究室的助教和田真弓小姐開車技術很好，於是我們懷著雀躍的心情上路了。

行走路線跟那一次秋日的吉普行一樣，從滋賀縣的梅木村左轉進入久多，景觀依舊。我們下午便到了常本家，老朋友的家是黑色油亮木頭搭建的傳統民家，屋齡有一百五十年之久，高大的茅草屋頂、紅色的外牆，完全融入在自然風景之中。泥地廚房的木桶裡是接引自山上的泉水，從屋前田地摘回來的蔬菜已清洗乾淨，就像一幅懷舊的圖畫一樣。我們悠閒地坐在令人心情放鬆的客廳裡，紙門上描繪著美麗的畫（當時沒有仔細看，可是後來造訪時，很高興地發現其中一扇門畫的是雁鳥。事實上我跟雁鳥有一些淵源，起初是因為國語學的研究，後來範圍越來越廣，如今我已經是十足的雁鳥迷了。凡是跟雁鳥有關的圖案總能引起我的興趣）。

稍事休息之後，常本女士帶著我們到準備參加花笠舞的村民家拜訪。來自各村落參加舞蹈的人們，會用美麗的紙花裝點各自手上提的燈籠。從前是讓小孩子戴在頭上，今天則改由男性拿在手上。

許多美麗的花笠已裝飾完成。一朵朵紮滿小花的裝飾物，有種令人屏息之美。色彩雖然不多，就是穿插著紅、黃、綠、白，也顯得繽紛豪華。紮在垂掛著布幔的燈籠上，是各種的紙花，如菊花、百合、玫瑰等；燈籠周圍則貼上精緻的剪紙，可以想見燈火點燃時，浮現不同的圖案會有多美麗，直令觀者心動。

由於是古老的祭典，不論是紙花還是燈籠製作一切經由男人的手，女人是不能觸碰的。身為男女平權主義者的我固然有些在意，但只要現實生活中不涉及蔑視女性，我還是接受這古老時代留下來的美麗傳統吧。我們心滿意足地回到常本家。流經村落的小河發出清澄的潺潺水聲，河邊有吸引我們注意的東西，一些平坦和長型石頭堆疊成佛像的樣子，高度約二十公分上下，共有六尊，前面供奉著可愛的野花，那是「川地藏」。這是多麼富有人情味的景象呀，我對這安靜山村的宗教虔誠十分感動，堆疊在長型石頭上的平坦石頭，果真是路邊的地藏菩薩。

回家之後，不久便開始用晚餐。

「香魚」，一種高級的河魚。在溪流很多的京都，時令一到可是高級餐廳大肆宣傳的美味，我也曾經享用過。另外我們家附近有間隨時都有新鮮魚貨的魚

㉓——將點燃的火把投射進高舉在半空中的鐵籠裡。燈火的饗宴「舉火」。久多

㉔——久多的常本家。祥和安靜，殷實人家的生活據點。

販，也會幫客人外送。記得有一次老闆打電話來說「今天有不錯的香魚進來了」，「那就烤好送來吧！」我這麼拜託他，那一天我們全家人高高興興地一人品嚐了一尾。然而能夠無限地大啖新鮮香魚，我可是到了常本家才有此經驗。聽說佐喜子女士的先生為了我們要來，將事先在河裡抓到的香魚養在庭院的流水中。不同於一般養殖的肥美香魚，天然的香魚肉身緊實，芳香四溢。從沒吃過如此可口香魚的我大飽口福，直嘆只吃過一兩尾哪裡能知道香魚的真滋味。個性豪爽的佐喜子女士，怕我們客氣，不斷地勸我們盡情享用。主觀來說是無限，客觀統計我大概吃了有七、八尾之多吧。

大缽裡裝的是我最喜歡的煮山菜，我也是大快朵頤地挾食，其他還有許多精心製作的料理，愛吃的我嘴巴動個沒停，感覺到久多的訪問已然盡興了，但我們畢竟是來參觀祭典的，這一切還只是剛開始呢。

我們在屋外的浴室洗澡，聊起了山居生活的種種。對我們這種偶爾一遊的外來客而言，山居生活的吉光片羽聽來都是喜悅；但是長年累月的山村營生卻是充滿了辛苦。家家都各自有山林，照理說應該過得很富裕，可是今天的木材需求狀況大不如前，對國內造林業者產生絕對性的衝擊；換句話說賣了也沒有什麼利潤。像北山杉那種特殊的木材還能有特定的市場，其他的日本木材則是一片愁雲慘霧。

「雖是如此，但總不能放下山林不管，平常的照顧還是得做呀。」

佐喜子女士到了夏天就得上山。我心想這裡是涼爽的山村，又是在茂密的森林裡工作，應該不會很辛苦吧；其實不然，山上環境既不通風又很悶熱，加上常有蛇出來嚇人；而且還有田裡的工作要忙，製作馬栗餅也很辛苦，要不斷沖水洗掉馬栗的澀汁，再用心地磨成粉。

我以為勤奮的佐喜子女士是當地土生土長的人呢！但她其實是從京都市區嫁過來的。我聽了十分驚訝，於是提議要幫她拍張照片，她卻表示得先換套衣服才行。

「就是這樣才好呀，可以讓人知道妳勤奮工作的樣子。」我說。

即便是工作服，她還是希望能盛裝而出。

原來如此！看著她換好的服裝，果真是不錯。藍色的綁腳褲，碎白點花紋的和服，袖口纏著花棉布的細繩；綁腳褲繫著白色腰帶，十分清爽；頭上俐落地綁著頭巾，站在門邊的姿勢，完全是根植於大地、認真工作的女性形象。好一個堅強又美麗的女子，身上散發著遠從城區到山村勤奮工作的歲月光華，多麼令人心儀呀！雖說去換衣服，卻還是一身工作服而非外出服，我可以感覺到她對自己工作的驕傲！

午夜的敬神儀式，志古淵神社的花笠舞

夜漸漸深了。接近午夜前的二、三十分鐘，我們才開始往祭典所在的「志古淵神社」出發。外面除了家家戶戶的燈火外，一片漆黑；進入山裡更是陰暗，夜晚的天空閃爍著滿天的星光，這樣的夜令人想起了宇宙，神祕幽玄；過了不久便能聽到人聲嘈雜，終於抵達神社了，果然聚集了許多人，大殿裡的祭神人員也讓我們捧著大酒杯飲用祭神酒。

不久，白天看到的捧著花笠的各村居民開始舞蹈。真是安靜的舞蹈呀！只有些許的舞步，幾乎就像是步行一樣地動作簡單，可是他們並非只是在走路，前後左右地移動著，的確是在跳舞，而且還唱著流傳已久的安靜歌謠。

多麼安靜而簡單的舞蹈呀，果然是為祭神而跳。據說這個神社平常都沒有人，舉行祭祀的時候，主祭的神官還專程到若狹灑水淨身。對了，這裡離若狹也很近。

約莫跳了一個小時吧，祭典就結束了。少數幾個出來營業的攤販也收攤了。捧著燈籠的人們各自回到

㉕──花笠舞中的花朵。美麗的花朵是為了奉獻給神明。這裡的人情亦美。久多，志古淵神社（八月二十四日）。

自己的村落；看著他們靜靜離去的身影，我深受感動，漆黑的道路上浮現微明的燈籠，遇到轉角燈光突然就不見，夜色真的很陰暗。我不禁思索起夜晚的意義，因為有了夜晚才教人思考，進而懂得利用燈火營生。

藉由這個祭典，我尤其感受到象徵人類所發明的微光──燈，和夜晚神祕黑暗之間的對比。

回常本家的夜路十分陰暗，當時我才注意到原來黑暗也分好幾種，真正可怕的黑暗、高山森林震撼人心的黑暗、在閃耀星空下的黑暗，也想到了和自然共存時人類的柔弱與強悍。

總之這是我有生以來第一次的經驗，不免心情有些激動。回到家喝過茶，便準備就寢。剛開始還有些興奮，不久便安然入睡了。

第二天我們收下了佐喜子女士自己做的稻

草手工藝製品，是可以清理桌面的小型掃帚和編織得很漂亮的隔熱墊，之後即踏上歸程。

歸途一樣選擇了上次秋天來時的回程路，往廣河原的路。在僅容一輛車身行駛的小路上爬上山頂，俯瞰著眼下的久多時，胸口感到十分的辛酸。那是個心靈豐富的人們所生活的山城，他們努力營生；雖然有許多的困難和辛苦，他們還是努力地過生活。

之後我又去了久多兩次。我這個人對於自己覺得不錯的事物，就會想要推薦給別人。從一九七六年的花笠舞之後，經過約五、六年吧，我又約了大學的同事，這位同事對這類活動一向很有興趣，所以很高興地答應了我的邀約。這一次開車的人是京都府立大學畢業的大學講師，也是個「好事之徒」。換句話說，這次的久多遊是在兩名男士的陪同下完成的。

佐喜子女士依然健朗，同樣熱情地招待我們。香魚、山菜，還有其他許多的拿手好菜。男性的食量果真很大，所以我也順勢跟著大快朵頤。

接著是深夜的祭典。一切都跟以前一樣，卻又好像有什麼不同。首先是來參觀的人變多了，其中也有面熟的學者，當然對方是以研究為目的而來的；另外車牌是京都市的計程車也多了。經過這幾年的歲月，似乎改變了什麼，甚至曾經在祭典結束後讓我心緒激動的景象——人們各自捧著燈籠踏上歸途的奇異風情，也消失了。

「怎麼會呢？」

因為亮起了街燈。那是好事呀！有街燈的確是好事，我不敢隨便批評。但如果讓我偷偷表達內心的想法，這個自古相傳的祭典就是要在黑暗中才顯得光輝燦爛呀！

我的朋友倒是對許多事物都感到新鮮有趣，自得其樂。畢竟是第一次參觀，自然看什麼都有意思。對各種事物都知之甚詳的朋友，一看到常本家的老爺鐘，便脫口說出：「啊，是安東尼（Anthony）！」

「安東尼是什麼？」我納悶地反問。

原來他說的是明治時期從美國進口至日本的高級老爺鐘。

如今安東尼老爺鐘已經不會動了。靜止的指針彷彿悲傷地顯示著昔日的榮景。

「常本女士，聽說這是很不得了的鐘耶！何不拿去送修呢？」我不禁多嘴地建議著。

那真是一座造型宏偉的大鐘。最近的鐘不是裝飾過度，顯得俗麗；就是太過事務化，缺乏趣味性。但是這個厚實的老爺鐘卻擁有骨董的美感，想來報時的聲音應該也是沉穩有力，給人一種古老童話故事的感覺。

花折峠所見到的近代化浪潮與不變的風情

接下來的久多行則是為了幫澤田大師帶路，頭一次在五月的季節前往，那一次是一九九三年。令人驚訝的是，我們還是跟以前一樣經由滋賀縣的梅木村過去，但是道路狀況完全變了。就連八瀨、大原的大原三千院前面也有許多藝人開的禮品店、餐飲店等櫛比鱗次，看得我瞠目結舌！不過才一陣子沒來，居然改變這麼多。而且往梅木村的道路也變樣了，我幾乎不敢相信這和以前去久多時走過的是同一條路。以前雖說是國道，其實只是像念珠串一樣連結幾個村落的道路，沿途看著山容和村落不同的風貌別有一番樂趣。像花折峠原本是七拐八彎的，寒冬時節還會結冰，十分難走；後來開了隧道就方便許多，結果現在更是從山腰切出了一條路，以前路面小得貼著山壁開車，河水就緊鄰在旁，如今則是近代化的道路了。「跟以前不一樣了！」我一路跟自己說，感嘆中自然也夾雜著一些驚喜。比方說看到生長在森林樹下的花草之美，或是山林中整片雪白亮麗的辛夷花，還有彷彿為樹木披上新衣裳的紫色山藤。

在檜樹、杉樹等顏色晦暗的人造林下，盛開的蝴蝶花像是鋪上了一層地毯似的。紫花地丁也爭相怒

㉖——山藤。五月的山中因為山藤而熱鬧閃亮。從花折峠到久多、花背途中。

放。時序是五月，我陶醉在這片從春天到初夏的野花交響曲中！

我考慮著午餐該如何解決，在到達久多之前，千萬不能錯過中途休息的機會。正當我思索梅木村是否有美味的老店時，我們在這條高山的新路上，經過了一間位於山谷前的開闊地、名叫「花折」的大型餐廳，門口的「鯖」字十分醒目。我們決定倒車在這裡用餐。走進店內發現店面很新，使用粗糙的木材裝潢，看來是間很有意思的餐廳。我們各自看著菜單點了「鯖魚壽司定食」和蕎麥麵。初次造訪的餐廳，不免擔心滋味如何，結果卻是意外的美味。

滋賀縣本來和若狹相連，到處都有好吃的鯖魚。我一向不愛吃青色魚種，可是卻對這在湖北長濱被稱為「鯖魚麵線」的美味感到驚豔，過去根本連正眼都不看「鯖魚」一眼的我，居然一口接著一口。「咦！這裡不就是所謂的鯖魚街道嗎？」我們一邊討論一邊讓所有人都品嚐了代表此地經典美食的鯖魚壽司。既然這麼好吃就加點一道燒鴨吧，果然味道也令人滿意。切成適合一口大小的鴨肉口感不膩，咀嚼時卻又能感覺恰到好處的油脂。排盤也很美麗，引人胃口大開，真是一道佳餚！

這裡有許多特產食品，我選了一些準備送人。有鯖魚壽司、馬栗餅，還有其他各種特產。店裡的人說，這家店雖然是新蓋的，原本卻是位於山頂的老店。「花折」是個美麗的地名和店名；這名稱的由來，據說是因為以前上山修行的僧侶總會在途中攀折野花之故。

吃了好吃的東西補足精力的我們終於下山來到了懷念的梅木。我們先去參拜明王院，再左轉進入久多。五月的久多風光自是和之前秋天、夏天來時不同；初夏的陽光燦爛，久多卻安靜一如往昔，志古淵神社未嘗稍變，我們在小巧的郵局確認往常本家的路，總算平安抵達常本家。距離上次來訪又過了十年的歲月，我從大學退休也已經有七年之久了。常本女

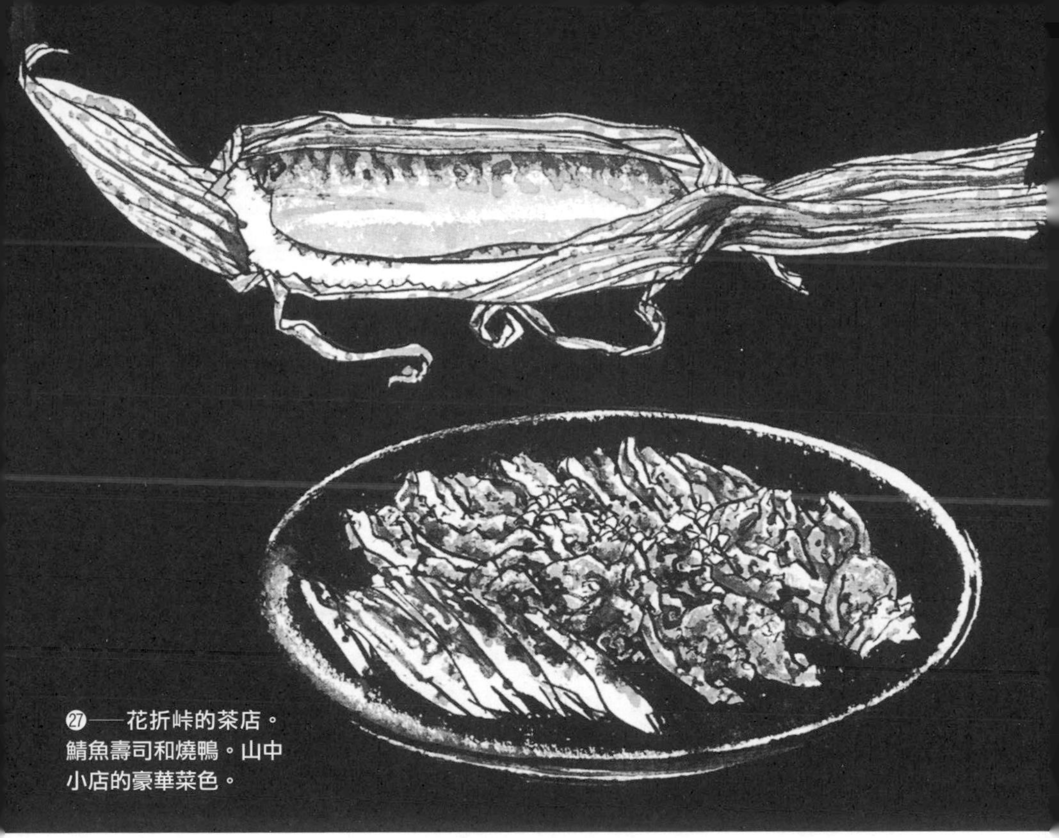

㉗——花折峠的茶店。鯖魚壽司和燒鴨。山中小店的豪華菜色。

士雖然還是跟以前一樣健朗，歲月還是留下了痕跡。家裡面引用山泉的廚房還在，但已捨地爐改用煤氣爐了。

還有其他教人悲傷的消息。那間我第一次前來演講的小學已經關閉了，僅存的幾名學童必須到更遠的學校就讀。換言之，這裡也有人口過疏的現象，加上不能為少數學童開放學校的經濟性合理主義盛行，久多顯得更加落寞了。

花笠舞原本就是由地方民俗保存會舉辦的，仍將繼續長此以往。但整體而言，今後的久多將變成如何？著實令人擔心。儘管如此，佐喜子女士依然充滿活力。告別之時，我在內心祈禱下次能夠再度來訪。

「來時路上，辛夷花開得很漂亮呀。」我說。

「常言道辛夷花開得好，那一年稻米也

㉘──山、綠，還有最主要的水。水對人和自然都是溫柔多情的。從花折峠前往久多途中的村落。

會豐收。」她回答。

然而一九九三年全日本的稻米收成都不好。雖然不至於掛零，但不知久多的情形如何？

歸程仍如以往，從廣河原經過花背到鞍馬。途中在廣河原發現一處名為「杓子屋」的地名。想來是因為處於林木豐盛的地帶，過去應該是木器店的大本營吧。我們走進鞍馬寺下面的茶館，盡情享用店家可口的山泉，彼此細數旅行的種種。

只有其中一小段的路我們進入滋賀縣，絕大半則是繞著京都的左京區遊走。這些地區幾乎感受不到一絲都會的風情，卻深厚地累積了人們為了營生的種種努力。鞍馬過後不久立刻來到繁華的市區，驀然回首，身後則是和「隔絕」一詞十分貼近的寂靜山村。

不時有野豬闖進京都市區引發騷動，也常聽到鹿被狗追或摔斷腿跌落賀茂川的消息，山上的動物究竟都住在什麼地方呢？只要深入左京區的山裡答案立現。原來鹿、熊、山豬就生活在人們的周邊。京都的街道，人會經過、鯖魚會經過，還有山裡的野獸也會經過。

仰望群山，我不禁又思索起人類的行為。

第一次參觀花笠舞過後的三、四天，我受邀參加大阪某家民營電台的對談節目。對談的主題是「手工文化」，我對這個題目很有信心，盡情地訴說了久多美好的經驗。現在看著當時所拍攝的照片，對談桌上還清楚擺放著稻草手工藝製品。我很高興地將那把小掃帚拿給跟我對談的S先生，我們興致勃勃地討論了能夠產生出這種東西的生活意義。

在那之後的許多年來，我始終對久多的熱情不減，如今我也上了年紀，無可否認地曾經高漲的情緒，有時也會蒙上憂愁的陰影。現在我只祈禱常本佐喜子女士永遠平安健康！

丹波街道——追思丹波路

放置在宅間家後院的農具　八木町

女校時期四十公里路的園部町遠足

「丹波」這個地名總能引起京都人的許多想法。簡單的丹波二字，其實指的卻是一個很廣泛的區域。從兵庫縣的篠山一直深入到氷上郡都屬於丹波。我想這應該跟日本歷史有很深的關連，同時也發揮了不少地緣上的功能吧。前面提到的北桑（北桑田郡）也是屬於丹波的一部分。

如果要我寫自己的歷史，丹波肯定具有極大的作用，關於這一點我在此無法詳談；但對我來說，丹波中的丹波應該算是園部町了。

回想起來，我最初的丹波行是在就讀女校一年級的第二學期。配合學生的體力，學校安排了一、二、三、四班等四種遠足行程。其中我參加了最遠到園部的四十公里行程，那是我有生以來第一次的長途遠足。其實以前真的走過很多的路，四年級時從南禪寺轉學到向日町的小學，就常常去遠足。印象中，在小學時代就已經有走過二十八公里路的經驗了。在過去的時代，那是很可能的。當時的小孩本身就有遠行的體力，而且道路環境也無礙於成群的小孩一起行走，畢竟汽車的數量就不同。換成是現在，大白天的，根本是不可能的！

㉙——宅間妙子小姐摯愛的風景，平凡卻能撫慰人心的高山、寺院和田園。

進入女校後，每學期有一次的體力適應遠足。第一學期我比較謹慎地參加了第二班，只到守山。到了第二學期，我便試著挑戰第一班。一早六點半從京都市內出發，經由龜岡、八木，到達目的地的園部城遺跡已經是日暮西山了。兩百多名學生以城牆為背景拍下了人頭豆粒般大的紀念照，稍事休息後立即搭汽車折返。沒有觀光，只是不停的走，拖著腳步、扭曲著疲憊的臉，天色已暗爬行回自己家時，卻又難掩走完全程的喜悅與驕傲。

已經七十歲的我仍然認為：第一次參加第一班遠足到園部，實在是很有意義的經驗。在前面久多的章節中提到了生活改善團體，其中和我感情很好的幾個朋友就是住在園部的農村。大堰川越過嵐山就是桂川，下游則是大河淀川。曾經在大堰川旁的古老農家以推廣員身分指導婦女下田耕種，如今仍以自由之身繼續發光發熱的田中友子女士就是其中一人。從山陰線園部站的下一站，無人車站船岡，下車走十分鐘就能到她家了。

因為和田中女士的交情，也結識了住在深入八木町九號國道北邊的年輕朋友。我原本就認識她的母親，之後才跟常幫我縫製衣服、踴躍出席憲法會、和我們一起籌設婦女問題研究會的女兒熟識。她的個性活潑，對人生充滿關愛，一向很認真地思考怎樣才能活出生命的意義。身為一名生活者，她一方面住在農村，同時也很積極從事服飾、繪畫和歌唱等活動。一面幫我縫製好衣服，接著又幫我的小書畫插畫，或是出版自己創作的可愛詩集；怡然自得、活力十足地在喜愛的丹波認真過日子，她的名字叫做宅間妙子。

我很喜歡小妙（她的暱稱）的家。她的母親雅子女士曾經擔任過船井母親大會的會長，頭腦十分清晰。雖然現在身體有些衰弱，但仍很有精神。原來任職小學校長的先生退休後，夫妻倆便開始務農。這是一個以農維生，又和教育很有淵源的家庭。住家旁加蓋的房子則住著資深小學老師的姊姊夫婦。

丹波秋天盛產的山珍。

老奶奶還健在時，有一次看見聚會結束跟著小妙到她家閒坐的我，便手腳俐落地烤了味噌茄子給我們吃。長壽的老奶奶已經仙逝了，我很懷念她仍健在時，嘴裡喊著「奶奶、奶奶」地登門造訪的和樂氣氛。

她們家有養狗，還很熱中於飼養迷你兔。我和澤田大師一起造訪時，小妙在客廳裡放了一隻白色迷你兔，就像是一顆白色毛球般地滾來滾去，好不可愛！可以盡情享用蔬菜的迷你兔家族應該也很喜歡這裡的生活吧。在堆疊成塔的迷你兔飼養箱旁，有一隻狗忙著搖尾巴、吠叫呢。

小妙的工作室蓋在住家旁邊。我去的時候，裡面有野獸派風格的大型油畫，也有畫在和紙上的白描花卉，隨意散置。看到小玄關前一尊正在雕刻的大型猿猴，著實吃了一驚。

八木山寺帝釋天的一百零八口鐘與燈籠

猿猴雕刻完成後將供奉在位於小妙家北方的一間寺院裡。

寺名莊嚴神聖，叫做紫雲山京都帝釋天。其實就是一般老百姓信奉的帝釋天神，更親暱的名稱則是庚申神①。

我來過八木多次，經常到各處的小學、公民會館演講，自以為很熟悉當地的種種，然而此時才知道我簡直一無所知。小妙帶我來帝釋天，這裡的地名很古典，叫做吉富庄船枝。寺院地勢頗高，有著一條很長的參拜階梯，石階引領信徒到供奉帝釋天和四大天王的大殿，兩旁的杉樹高大茂密，路邊長滿了可愛的野草。令人驚訝的是，階梯兩旁掛著許多小鐘，支撐小鐘的柱子上還附有鐘槌，可供信徒自行鳴鐘。據說小鐘共有一百零八口，跟人間的煩惱是一樣的；另外，也相當於除夕夜日本各寺廟敲響守歲鐘聲的數目。

這是住持的創意，感覺整體設計（這樣的說法或許不敬，但不是一口鐘敲一百零八次，而是依序靠近這一百零八口鐘時各敲一聲的想法實在很有趣）很新潮，除夕夜可以讓年輕人歡喜前來參拜。我不禁玩興大發地敲響了一、兩記。似乎除了我們之外，沒有其他訪客，清澄的鐘聲響徹幽靜的山中後消失散去。鐘聲也在我們的心中迴盪不已。

這些柱子同時也是燈火臺。除夕夜的十一點起便會點燃一百零八座的燈火，耳中聽著連綿的鐘響，眼前是搖晃在冬日山裡冰冷空氣中的一列燈火，好一場光與聲音的饗宴。不禁希望除夕夜電視特別節目「送舊年迎新歲」能轉播這幅美景。話又說回來，八木的住民真是幸福呀！

我們心懷感動地爬完石階，來到了帝釋天。因為位於山裡，腹地不可能太廣闊，但其實也不小。由於小妙事前已連絡過，所以住持鈴木春海夫婦笑容滿面地等待我們的到來。沒想到鈴木住持竟是宅間妙子中學時期的恩師，教的是社會科；我這才恍然大悟。據說帝釋天由和氣清麻呂②草創，年代非常久遠；而像剛才那些鐘的新鮮設計，則是長期和孩子相處的住持才有的靈活想法。住持太太以正式的茶道招待我們，她的花道、茶道造詣很高，我們享用了可口的熱茶。做夢也沒想到能夠在這偏遠的山中接受如此款待，自然覺得格外香甜。

我們還參拜了正殿內的祕佛，由於祕佛平常是收藏在佛龕裡，每隔三、四十年才開放一次，真是難得的經驗。

這裡供奉的是庚申神，到處可見垂掛的布偶猴，很有該寺的味道，令人莞爾。我們也收到了可愛的布偶猴禮物。

寺院境內十分寂靜。沿著後山的小路漫步，小妙摘下了路邊野生的小果實給

①—庚申神：佛教中，庚申神的本尊是青面金剛和帝釋天，庚申日為祭祀帝釋天的日子，猿猴為庚申神的手下。

②—和氣清麻呂：七三三～七九九，平安時代初期備前國藤野郡人，桓武天皇治世時的貴族官員。

宅間家的迷你兔公寓。

我，說是岩梨。含在嘴裡輕輕一咬，果然有著梨子的味道。

順帶一提的是，寺內的洗手間十分乾淨，跟我所想像的情況完全不一樣。因為這間帝釋天是由位於山麓的福壽寺住持鈴木春海夫婦所看管，並非隨時都有人在，卻能看到彷彿隨時有人照管的細心，乾淨的洗手間即可見一斑。

我們在感動之餘下了山。好一個心情愉悅的午後。

安置木喰上人十六羅漢的八木清源寺

從小妙家往北走，位於諸畑的清源寺也是我喜愛的寺院。

第一次參拜已經很久遠了，當時父母都還健在。那年夏天，在京都友人的邀約下，我從八月底到九月初去了輕井澤。對於關西人而言，輕井澤算是無緣之地；我也覺得自己和關東的調性不和，自然不怎麼有

岩梨——輕輕咬破小巧的果實，一種類似梨子的香氣立即四溢。

㉚——從通往京都帝釋天的陡斜石階回頭後望，一如人生的坡道。

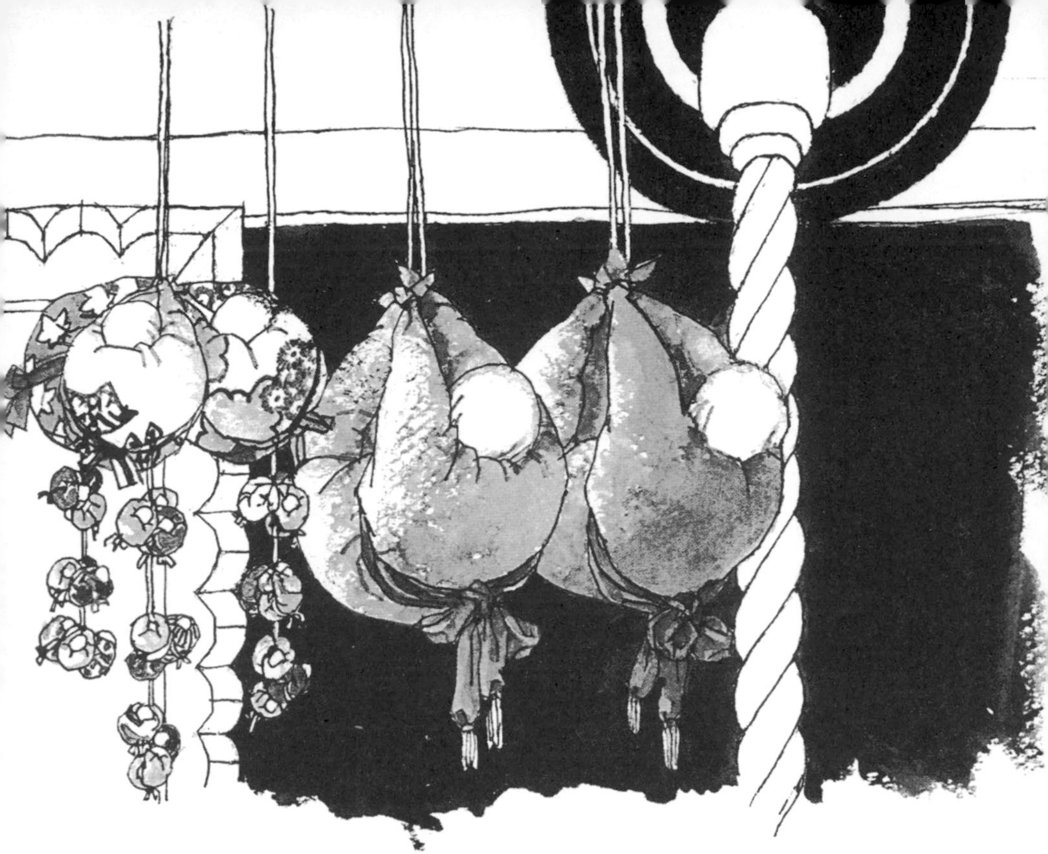

㉛——帝釋天正殿內的巨大布偶猴和迷你布偶猴。可愛的猴子搖來晃去。

興趣。可是連續兩年利用夏天結束前的一個禮拜到輕井澤小住，感覺的確不錯。乾淨的空氣、落葉松林下的散步、雉鳥和松鼠，都是我不曾有過的體驗，果然是一個令人依依不捨的地方。

那年我從輕井澤一回京都便立刻前往園部參加農村婦女的集會。從涼爽的輕井澤轉往悶熱的京都固然令人心煩，但又不能不回來，我只好帶著難捨的心情踏上歸途。結果出發到丹波的那天，或許是太平洋高氣壓轉為大陸性高氣壓的關係，居然變成了宜人舒爽的初秋氣候。園部的聚會因為涼爽的天氣而歡喜落幕，我很滿意那一場心靈相通、發言踴躍的會議。同樣出席該集會的小妙提議歸程順道去參拜清源寺，我當然舉雙手贊成。沿著幽靜的山陰小道來到清源寺，這裡是小妙親戚供養的寺院，自然和小妙的關係也很深厚。

午後的陽光開始傾斜，更增添了大氣透明的涼意。從平緩的坡道上回頭一望，零星的農家、竹叢、小河、小路等構成一幅美麗的圖畫。和我昨天還置身的輕井澤風味完全不同卻一樣吸引人。我不禁想起「清澄」一詞，感覺心情很舒暢。

寺院不是很大，小巧完整且平易近人。這間農村小寺和伽藍寺院一詞形成一種對比。

這間寺院最大的特色就是安置了木喰上人晚年所刻的十六羅漢。

木喰上人原是山梨縣的農家出身，因為與佛有緣，在十四歲那年出家後終身禮佛。他所實施的木喰戒是不吃五穀與肉食，不吃過火食物、不用鹽調味，只喝蕎麥粉和水。聽在我們俗人耳中實在是很可怕的齋戒，據說也只有木喰上人一個人能夠終身持戒。從四十五歲到九十三歲，不用寢具、不管寒暖平日只穿一件法衣，就這樣周遊各地，到處雕刻佛像。留下了令人稱頌的千尊佛。為什麼只靠和水喝的蕎麥粉能活到九十三歲高齡呢？而且他不只是存活，甚至還遠到北海道、九州等地不斷地雕刻佛像。若不是那些佛像實際留存下來，教人難以相信真有木喰上人其人。

我從少女時代就知道木喰上人了。因為木喰佛像的存在與價值，正是由柳宗悅、河井寬次郎③、濱田庄司④、棟方志功⑤等民間藝術大師所推崇與稱讚。先父壽岳文章是因柳大師才進入了民藝的世界，而且本身又是跟木喰戒很有淵源的真言宗僧侶，對於木喰佛像關心的程度自然非同小可，常常指著《工藝》雜誌上的照片等為我解說。木喰佛像的確有著一眼就能分辨的特色，和吾人平常所見的佛像大異其趣。圓滾

---

③—河井寬次郎：一八九〇～一九六六，島根縣人，陶藝家。
④—濱田庄司：一八九四～一九七八，神奈川縣人，陶藝家。
⑤—棟方志功：一九〇三～一九七五，青森縣人，版畫家。

滾的造型，雕工生動、簡單而大膽，難怪會吸引喜愛民藝的人士青睞。雖然和奈良、京都等名山古剎供奉的精美佛像意境不同，卻依然能展現佛教的深義，令人由衷產生信仰。

上人當年留在清源寺一心雕刻十六羅漢的情形，記錄在清源寺出版的印刷品上。引用如下：

因以蕎麥粉為食之故，無法滯留街頭，僅能在鄉間、山野僻壤雕刻佛像。本寺位於畠中村（又名畑中村），村中幾乎都是田地，主要作物為蕎麥。明治末期多半是桑園，根據當時耆老所言，桑園的前身是蕎麥田……現在的田地則是成型於昭和初期。

雕刻所用木材為欅木，一根為寺內所有，另一根

㉜——清源寺木喰羅漢的世界。參拜的人不知不覺也跟著微笑了起來。

為村民明田兵治的曾祖父所捐贈。明田兵治九十五歲時（昭和五、六年）口述：「我祖父小時候，每天都到清源寺去。由於木喰上人在寺中雕刻佛像，他將母親每夜所做之蕎麥粉送去。木喰上人為感謝捐贈木材，幫家裡雕刻了觀世音菩薩像，並囑咐不能讓外人看見。這是祖父在睡前說給我聽的故事。」又「我一到寺裡，住持便敲板，上人即從大殿的小房間裡出來。他個子很高，骨架很大，臉上有鬍鬚，衣衫襤褸，看起來就像是乞丐般令人害怕，但他很喜歡小孩子。」等，與十六羅漢記一致。

我胡亂將雕像統稱為「佛像」。正確來說，羅漢並非佛；他們是遵從釋迦教誨從事修行的弟子，也就是所謂的修行人。固然距離成佛還很遠，卻很適合木喰上人雕刻。

只要一看到清源寺的羅漢像，任何人都會跟羅漢一樣浮現笑容。促狹般擠眉弄眼的神情其實可說是十分新潮！

戰後曾一度流行圓空⑥佛像，我也跟著瞻仰參拜。以神速絕技刻成的木頭佛像，自然和一般佛像的定位不同，年輕時我十分欣賞那種充滿苦澀的刀法。然而隨著歲月增長，我又再度心儀於木喰佛像，佛像的笑容及其訴說的力道，似乎能讓人自然放鬆力氣，心情變得無比柔和。

這就是我第一次參拜清源寺的印象，但關於清源寺還有許多的回憶。

該寺於五月初會以十六羅漢為主角邀請不同領域的專家學者演講。有一次父親也受到邀請，當時母親已過世，父親的健康情形大不如前，雙腳已不良於行，但仍在這個狀況下答應了演講的邀約。這已經是

---

⑥—圓空：一六三二～一六九五，江戶初期的天台宗雲遊僧。以一刀刻的技法，留下許多充滿個性的雕刻佛像。相對於木喰佛像的柔和，洋溢著粗獷的味道。

㉝——龜岡出雲神社的花笠舞。
春日閒暢的安靜喜悅與華麗。

距今十年，甚至更久前的往事了。我當然也很贊成，也許會很辛苦，但畢竟父親跟民藝界的人士淵源深厚，而且又有木喰上人的羅漢像。我很希望能讓父親品味到當時我的感動。

幸好那是一個美麗的晴天，充滿了初夏的氣氛，花草樹木都在歡唱五月之歌。我們搭乘小妙的車從家裡出發，小妙特別選了車少、風景引人入勝的道路走，使得連一向害怕坐車的父親也能愉悅地來到了清源寺。杜鵑、皐月、燕子花等花朵盛開，新綠的嫩葉閃亮照眼，和之前舒爽的秋日景象大異其趣。尤其是殿裡殿外擠滿了人，讓原本就不是很寬闊的寺院熱鬧異常。我們坐在小房間裡享用餐廳送來的美食，但我卻忍不住看著那些前來幫忙的人們坐在外面喧嘩，食用白飯和大鍋煮的蔬菜。心裡想著還是那些素菜比較好，手上筷子夾的卻是大魚大肉。直到今天，我還是覺得外面的素菜跟清源寺比較協調。

父親演講說了些什麼呢？應該是民間藝術、宗教和木喰上人之類的話題吧。或許接著就是五月三日的憲法節，所以也提到了和平憲法。

父親坐在陽台邊的長廊，起身時無法搆到自己拖鞋的景象歷歷在目，但那一天總算平安無事地回到了家。那是一場很具有地方色彩的演講會。

之後，每次造訪清源寺，因為這段和父親的回憶讓我對十六羅漢的感觸特別深。起初隨意讓人們供奉的十六羅漢像，如今有了精美的收藏櫃，十六羅漢在櫃子裡繼續展現笑容。這是丹波農村的一間小寺院，卻擁有如此重要的人文歷史！

龜岡出雲神社的春祭與丹波盆地的景觀

從八木經由龜岡到京都，長年以來我幾乎跑遍了龜岡的每個地區，現在龜岡升格為市，是京都重要的衛星城市。車站附近已經建設得十分都市化了，但面積廣闊的龜岡仍有許多動人的景觀和難以想見的生活。經過在電視宣傳下已名聞遐邇的湯花溫泉繼續向北行來到「本梅」地區，我在這裡的農會與當地婦女座談，曾收到各式各樣的土產，其中有一大把細洋菜絲。拿去給熟識的糕餅店看，才知道那是製作頂級羊羹所用的洋菜絲。雖然母親很喜歡吃洋菜凍，但這麼多的洋菜實在消化不完，便都送給了糕餅店；結果糕餅店回贈乾果甜點等，算是皆大歡喜吧。

在北桑的章節（周山街道）曾介紹過爐邊懇談會。有一次在全體會議上，擔任龜岡地區顧問的M教授，說了一個我永遠難忘的悲傷故事。

在本梅更進去的山村裡死了一個小孩。由於當地沒有醫院，為了一張埋葬所需的死亡診斷書，爸爸得背著死去的小孩到山下的醫院申請。那是個寒風徹骨的冬天，爸爸背著屍骨已寒的孩子回家。淚眼模糊地回到家，背上的小孩身體早已僵硬，一如地藏佛像一樣。

為了能不死，但願一生病便能找到醫生治療；為了填寫一張死亡診斷書，希望那種為人父的悲傷和痛苦可以不再——這是發生在汽車不普及的時代悲劇，一個令聞者悲嘆的故事。

龜岡固然有如愁雲般的悲傷記憶，但也有熱鬧歡喜的一面。

攤開地圖，在雄偉的愛宕山西邊，沿著牛松山的山腳有一排美麗的民家，繼續向右前進便是千歲村。我在這裡演講時，欣賞了當地手工製作的精美竹器；離開時還收到可愛的圓形竹籠，竹籠裡面有個竹筒，是花器。因為很精緻，至今仍為我所愛用。最適合插上每年初秋的野花，我已經用了三十年了。

從千歲繼續往前走會抵達出雲神社，地名就叫「出雲」。四月十八日，該神社會展示美麗的祭典畫軸。根據上田正昭博士的研究，這附近之所以叫做出雲，是因為出雲民族曾經來此，聽到這說法真令人雀躍。龜岡的人告訴我這裡的祭典很精采，剛好四月十八日的春祭是星期天，找到便車我才得以一窺究竟。

果真是個優雅、彷彿古代時光重現的美麗祭典。

神社所在的位置極佳，後有山地，前面的街道帶點迂迴；又有滿滿的一池春水，池畔的綠芽、櫻花繽紛；遊行的隊伍從池水對面走來。我看到一群舞者，身穿古裝，各自戴著精心裝飾的花笠。人數不過十人左右，彼此裝扮不同、爭奇鬥豔，引人注目。其中牡丹最美，綠色的葫蘆深得我心，這才是農村精神的代表，令人欣慰。

池邊的遊行隊伍經過小橋來到神社，行禮如儀的舞者安靜地在中間舞蹈。舞者的動作比久多要嬌豔許多，卻顯得十分優雅，很有春花盛開的味道。因為是奉獻給神明的舞蹈，舉手投足之間充滿了謙虛與高雅。舞蹈的正式名稱是「出雲風流花之舞」。

祭典當天也有攤販，神職人員忙進忙出，參觀的遊客如織，龜岡的小農村頓時熱鬧擁擠。以前幾次前來，出雲神社幾乎不見人影，寂靜的樣子令人不禁懷疑那個春日的喧囂是否只是幻影。大殿建築是重要保

❸㉞——龜岡的傳統民家。這種對稱之美，比之現代建築毫不遜色。

存文物，氣勢莊嚴而神聖，位於龜岡一隅的神殿彷彿在訴說著歷史，如今已是丹波地區的重要代表。

從龜岡車站來到出雲的一路上也有許多令人雀躍的風光。有名的保津川下行遊船出發時人聲鼎沸，其實這裡面有一段船夫的奮鬥歷史。戰後保津川下行遊船曾陷入困境，差點為一民間鐵路企業所收購。結果全體船夫團結一致建立了工會組織，推翻大資本的壓迫。他們不但確保自己的船隻，這段故事也經由ＮＨＫ（日本國家電視台）介紹出來。我至今仍記得當時年輕船夫握著槳的手部特寫，手上的戒指閃閃發亮。

經過碼頭繼續前進，北邊的平地就是馬路町、河原林町。那些地名令我感慨萬千。那大約是三十年前的往事了，同志社大學日本史學的人曾來此研究當地收藏的古書，其中也有我的朋友；當時我正好在京都府立大學國語研究室從事女性名字的統計調查。明治以後的成果不錯，因此想從近世文學中常見的「阿

㉟——龜岡的民家。各自呈現一種安定的美感，經得起歲月的考驗。

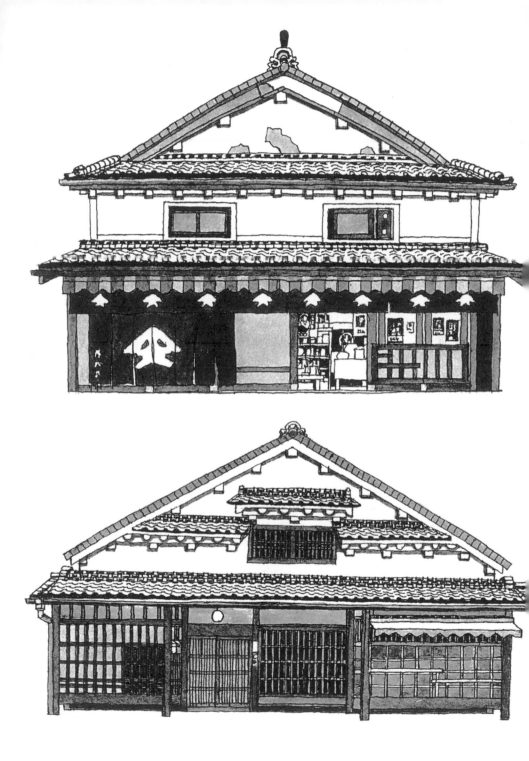

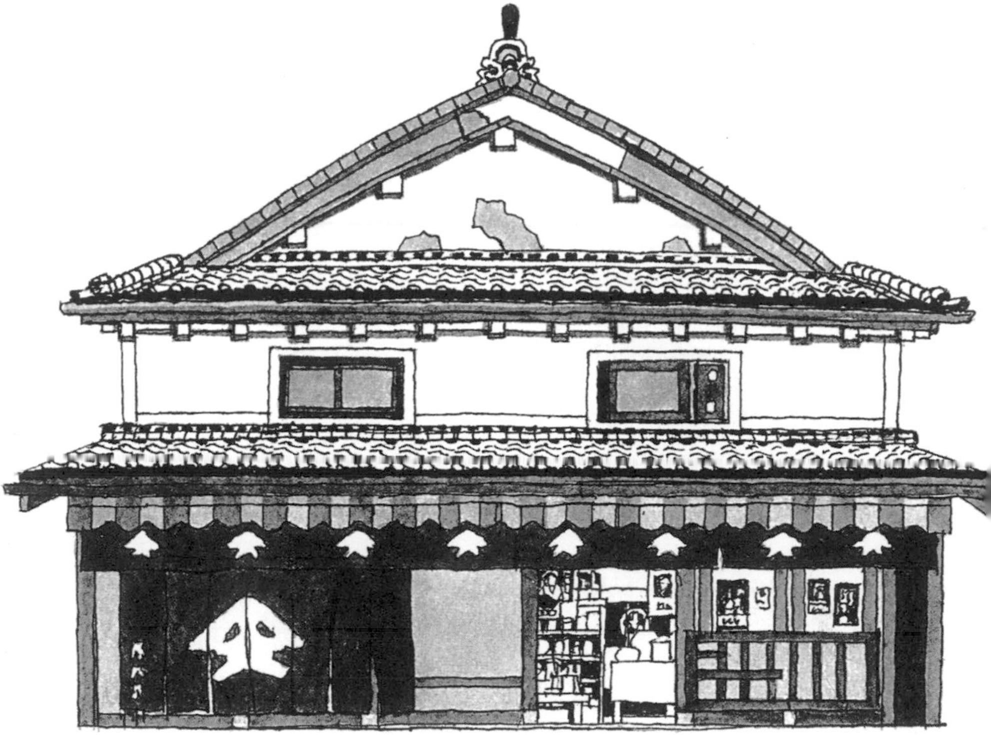

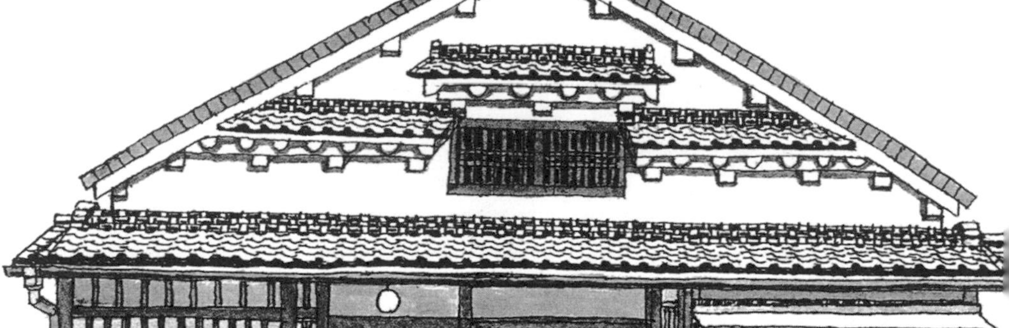

昔日的釀酒工具（龜岡，
伏見釀酒紀念館收藏品）。

桑」、「阿七」等名字掌握更確切的證據，找到更大量記錄女性名字的史料。翻閱寺院的紀錄似乎沒有用，在過去男性家長制盛行的時代，是沒有必要登記女性名字的！

就在我遇到瓶頸時，同志社大學傳來了好消息。在馬路町發現的宗教審查別冊中登記了許多女性名字。當時的我可說是手忙腳亂，帶著紙筆、抄寫人手，一群研究室的同仁立即趕往同志社大學。

果不其然，裡面有許多女性名字。合計抄錄約一千兩百個以上的女性名字，我們的喜悅真是筆墨難以形容。之後以這些統計為基礎，我們做出了亮麗的成果。

那是沒有電子計算機的時代，只能依靠算盤和笨重的手動計算機；然而年輕、勇於求知的我們依然興味盎然地工作。發現許多史料的地方——馬路和河原林，昔日的地名沿用至今，照亮了我研究史中輝煌的一頁！

澤田大師常一個人出遊，也很喜愛充滿古風的龜岡街景和民家。新的九號國道上不太能看到那些景觀；舊街道，也就是往昔旅人穿越丹波的往返之路，仍然充滿了令人驚豔的魅力。一如城鎮裡的鬧區，這裡的農村和街道一樣很有特色。

有人說山陰線鐵路沿線的風景從頭到尾都很美麗。從京都車站出發，馬上就是「丹波口」、「二条」、「花園」、「太秦」、「嵯峨」等美麗的地名相連。再過去，沿著保津川有四季不同的美麗風光（現在則是貫穿保津川的隧道鐵路），然後進入丹波盆地，連結龜岡以下各車站的景色也很不錯。遠山、寬闊的田野、山川森林、寺院神社、住民的生活，一應俱全，百看不膩。曾在書上讀到：沒有其他路線能夠如此發人幽思，我深有同感。這是一條從古至今都令人充分感受丹波路豐富生命力的道路！

一號國道——悠遊山科與八幡

疏水道涵洞　山科

一號國道與逢坂的蟬丸神社

一號國道，這個名詞似乎跟風情、情懷、懷舊、幽思等字眼扯不上任何關係。我曾經兩次搭乘舍弟的車往返京都與東京之間，的確有些地方還留著昔日東海道①的濃厚面貌，其中最具代表性的就是箱根吧。偶爾看到沿途碩果僅存的松樹枝頭冒出於名產廣告看板上時，不禁回想起東海道五十三驛站的升官圖遊戲，滿心歡喜。然而當時一號國道上的主要景觀，就是一連串的大都市和線狀排列的定型化郊區而已。

不過在京都，即便是一號國道上，還是有著許多不容錯過的古蹟。其實任何一個地方或是都市肯定也有類似的情形。

仔細想來，我的南禪寺時代似乎是生活在寂靜的山寺裡；可是只要心驚膽顫地經過金地院和東照宮前，然後穿越潺潺流水聲洗滌心靈的曼玻

隧道後，就是京津電車和各種車輛狂奔疾駛的一號國道了。所以說我的童年時代和一號國道是比鄰而居的。

我們一家人經常搭乘行駛在一號國道上的京津電車外出旅遊。到大津看煙火、搭船遊琵琶湖，或是到大谷「金代餐廳」吃大餐。這裡的金代餐廳在我們孩子眼裡總覺得有些高級；我反而比較喜歡京都河原町六角西入的大眾化「金代餐廳」。

山科自古以來就是充滿話題的奇妙土地。戰後從東山區劃分出山科區，更凸顯其特色。因為它是進入京都的前一站，反過來說也是離開京都時，最讓旅人難分難捨的必經之路。作為道路，這裡是日本從古至今的大動脈，以一號國道為中

①—東海道：日本五大古道之一，從江戶的日本橋到京都，共有五十三個驛站。

㊱——引發思古幽情的景觀與現代化工程建設之間乖離突兀的共存。

心的新幹線、東海道線和名神高速公路均聚集其間通行。加上京津電車也跑在一號國道上，在交通上可說是十分重要的道路吧。當然，到五条通四宮之間的簡短距離有了新的一號國道，多少能舒緩擁擠的狀況，但還是令人覺得長年到頭都會塞車，汽車噪音也不絕於耳。

儘管它是這樣的道路，但一號國道仍然瀰漫著一種不可思議的氣氛。因為這條一號國道像是一座山谷，兩側並沒有開放。背後山崖上還殘留著一些古老的房舍及陰森蓊鬱的樹林，給人一種可怕的感覺。我尤其喜歡逢坂附近的地勢。逢坂關，是自古有名的險要，因為位居日本樞紐，車水馬龍，交通頻繁。那裡的確是個斜坡（坂＝坡），也難怪會在此設下關卡，畢竟要想進入京都不通過此關是不可能的！

我曾思考過「坂」的存在，大學時代也做過專題研究。坂上、坂下。從前有些特別的人會聚集在坂坡。幫忙推車子以換取微薄酬勞的人、瘸腿的人、眼睛看不見或是各種病苦的人，全都聚集在那裡乞求憐憫。

我的學生們也曾幫我從近代文學中找尋有關「坂」的特別情思。它似乎是人們心靈的寄託，日本有許多的坂坡成為文學作品，民間故事中也經常提及。

其中最引人憂思、念念不忘的是謠曲〈蟬丸〉。小時候常玩的紙牌遊戲「打和尚」，孩童最不喜歡蟬丸②的紙牌。因為蟬丸戴著頭套，乍看之下不像出家人，卻又是個和尚，而且拿到此牌必須把手上贏來的紙牌全部吐出來。

有一年新年，我們和小表妹高高興興地玩打和尚的遊戲。不知為什麼就只有小表妹手上的紙牌堆積如山，儼然她已經是最大贏家。看來大勢底定，遊戲應該就此結束了吧……最後一張輪到她打，結果竟是蟬丸。她將紙牌全數丟在場中放聲大哭。怎麼會這樣子呢？我懷疑地瞪著弟弟。果不其然，是頑皮的弟弟事先巧妙地將蟬丸紙牌放在最底下。蟬丸法師因戴著奇怪頭套，看起來有些可怕。那是很久以前的事了，當年的小表妹如今也有了可愛的孫子，恐怕早已忘記這段往事了吧？蟬丸上半身微傾、身穿淡褐色衣服和頭套，一副低頭喃喃自語的樣子，至今難忘。那是裝在木盒裡、插畫精美、上面用毛筆字書寫和歌的百人一首紙牌，十分高級，令人印象深刻。但已不在我的手邊了。

其實蟬丸是個十分感傷的故事。謠曲〈蟬丸〉尤其表現得最貼切，一個眼盲而孤獨的僧侶，出身高貴，卻只因眼睛失明而遭致拋棄在逢坂關。跟他一樣命運多舛、頭髮倒豎的姊姊前來會他；一場哀傷的見面，然後又別離。我曾欣賞過教我謠曲的老師蒲田保利師主演〈蟬丸〉的曲目，精采的演出讓人感動涕零。姊弟間難分難捨的悲傷之愛，不同於我那頑皮弟弟將和尚牌藏在最底下的行徑，蟬丸真可說是人生悲哀的典型象徵！

事實上，不論是蟬丸法師還是逆髮皇女，都是「坂坡人」的文學性表現吧？〈蟬丸〉是為了表現那些群聚在坂坡的天涯淪落人而產生的，但今天逢坂關遺跡和蟬丸神社則確實存在。蟬丸神社有上下之別，我參拜的是下神社，感覺有些荒涼孤寂。

總之，這條支撐日本現代社會的一號國道和彷彿依然屹立在古代的蟬丸神社，兩相對比教人感慨萬千呀！

曾作為軍備工廠的逢坂山隧道

我對逢坂還有一段特別的回憶。位於逢坂的逢坂山，有東海道線的隧道貫穿其中。

---

②—蟬丸：醍醐天皇的四子，因為眼睛失明被棄養在逢坂山。他的姊姊為一頭逆生的頭髮而發瘋並浪跡天涯。姊弟倆重逢於逢坂山，互嘆人生之境遇。

回憶起來依然心痛，這條隧道其實充滿了戰時年輕人的付出。我畢業的京都府立女專，比我低一年級的學生曾在昭和十九年（一九四四年）戰況慘烈、形勢已然敗北的時候，被動員到三菱的軍備工廠服務。

女專位於桂區，工廠就在校園附近；因為地緣關係，便要學生放棄學業從事勞動服務。那是嚴寒的冬天，白天夜裡都要工作，一旦出現空襲警報還得跑到一公里外的西山竹林內躲避。簡陋到連防空洞都沒有的速成工廠，而且糧食不足；同樣被動員來做相同工作的京大學生，領到的配給米硬是比女專學生多。因為太過分了，學校和家長當時發起十分驚人的舉動，他們向工廠提出了強烈的要求：停止深夜加班、既然同工就要發給同樣的糧食、必須要有隨時可躲避空襲的防空設備等（這些文件的拷貝保存在立命館大學的和平博物館裡）。可是工廠一概不受理這些請求，在戰敗的昭和二十年，為了躲避空襲而將工廠遷移到逢坂山已廢置不用的隧道裡。年輕人轉移到那裡繼續勞動服務，沒有鞋子，穿著草編的雪鞋，窩在天寒地凍、冰水滴滴答答的隧道裡工作，實在很辛苦。終於春天來了，接著是夏天，已經生鏽的機器完全沒有工作效率可言。在這樣無奈的作業情況下，戰敗投降的日子到了，八月十五日。

因為高一年級，我得以不用忍受那種悽慘的命運，而去就讀仙台的東北帝大。看著學妹在逢坂山辛苦受罪，加上蟬丸的悲傷故事，想到軍國主義盛行時國民的悲慘命運，心中不禁湧現難以抑制的憤怒！逢坂真是晦暗呀！

從逢坂往京都走，再左轉進入將軍塚的途中，有京都大學的花山天文台，由於設備老舊已經不適於觀測京都污濁的天空。京大為能更正式地從事宇宙物理的觀測，乃於岐阜山中興建更新、更大的天文台。但花山天文台仍是京都市民不可或缺的日常設備。我也曾順著指標造訪過幾次，從望遠鏡中看到土星的外環

㊲——引人入勝的幽靜寺廟。
山科隨心院前的杜鵑參拜道。

而感動不已，那是距今四十年前的事了。上行的東海道線，一出音羽山隧道向左看，就能看見山上的花山天文台，它那銀色的圓頂總令我十分懷念，目不轉睛。

就這樣，從蹴上往大津方向的這條路讓我感慨良多。如果從蹴上往三条前進，則是舊作《千年繁華》中所提到我出生的東山三条古川町。還有搬到向日町（現在的向日市）之前的南禪寺，我也有無盡的相思。就地形來說，這一帶極其複雜。走任何一條小路都會有新的發現，令人興味盎然。

山科區是很有魅力的地方，甚至可說是充滿了謎。反過來說，它沒有京都市中心條理井然的道路，但容易迷路正是其趣味所在。也有許多名山古剎，隨意漫步就會遇到「啊！原來就在這裡呀」的寺院神社。勸修寺、隨心院，繼續走下去不知不覺便來到醍醐三寶院；走馬看花之際，眼前竟是伏見區的一言寺。好個幽靜的寺院！這是因名列《平家物語》③中可憐女子之一的阿波內侍而有名的古寺，格調高雅卻又與人親近。

山科就是這樣，不管往哪個方向走總有令人心動的際遇。我不禁感嘆即便活到這個年歲，還是有許多不知道的事呀。告別了耐人尋味的山科，繼續向西行。

桂川、宇治川、木津川的匯流地

從我居住的向日市稍微往西南過去就是山崎。該地是桂川、宇治川、木津川的匯流地點。站在岸邊眺望對岸，可以看見石清水八幡宮的原始林在眼前閃耀。開車經過漂亮的御幸橋就能進入八幡市；若是搭乘電車則必須先回到京都市區搭乘京阪電車才行。行

③——《平家物語》：鎌倉時代的軍記物語。作者不詳。以佛教的因果與無常為基調，敘述平家的榮華與沒落。

㊳——石清水八幡宮的幣殿，氣勢恢弘。

㊴——八幡的古宅，令人瞠目結舌。

駛在淀川右岸的阪急電車和左岸的京阪電車絕對不會交錯，因此我們在右岸想搭乘京阪沿線，就得走「コ」字型才能坐到。車子之外，則必須以其他工具渡河了。總不可能徒步涉水，所以長期以來從右岸的山崎到左岸八幡的橋本有船隻往返。

我曾經搭過一次渡船，是在小學五、六年級的時候。為什麼會有這件事呢？當時我通學的向陽小學，在放學後和假日會為預定報考女校的學生補習。只為了十名不到的學生，導師付出的辛勞卻是非同小可。我的導師名叫柚木春雄，他對待我們就像是自己的小孩一樣。除了新年的三天假期外，其餘時間都貢獻給了我們，不論是放學後還是假日。

老師認為每天填鴨式的讀書，小孩子也會疲倦。於是有時會帶著我們到學校附近健行或到好玩的地方走走。有時候夏天天氣很熱，會讓學校旁邊的烏龍麵店將學校裡的黑色大茶壺拿走，那間名叫金川屋烏龍麵店會先在茶壺裡裝很多碎冰，然後加進刨冰用的檸檬糖漿，再加滿水讓我們驚喜地飲用。

有一天（當然是星期天吧），老師帶著我們搭乘阪急電車（當時還是名為新京阪的民營電車）在大山崎站下車，搭船前往石清水八幡宮。不論是檸檬冰水還是到八幡玩，我們一毛錢都沒有，全部是老師出的。那是什麼季節呢？那一天是熱鬧的八幡宮祭典。仔細調查之後發現祭典是在九月十五日，應該就是那個時候吧。我記得我們穿著夏天的衣服，熾熱的陽光有些炎熱。生平第一次搭乘渡船，可想而知我們有多興奮了。前往八幡宮大殿所在的山頂有纜車。我們上去參拜了，還讓老師給買了紙花（不知道現在還有沒有，當天是八幡宮祭典，所以有許多攤販）。

童年時期的記憶十分鮮明。渡船到了戰後還繼續了好一陣子，但現在已經沒了；紙花也看不到了，那些曾經讓幼小心靈興奮的事物漸漸消失了，可是石清水八幡宮和雄偉的男山八幡宮卻依然吸引著我們。我已經辭掉了，但前不久我還是石清水八幡宮後援會的一員呢。因為從淀川右岸的阪急沿線總能看到八幡宮美麗的山容，尤其是初夏時節的新綠，一整片的闊葉樹林，滿溢著原始森林的生命力之美。每次看到那片森林都令我心情振奮，光輝閃耀的各種綠色，有時帶點黃，有時是近乎透明的淺綠，有時則是深濃的墨綠。我總是在心中低語：謝謝你，八幡宮，在如此靠近都會的地方為我們守護這一片森林！

很久以前，曾經在京都召開過世界森林學會，與會人士首先為金閣寺後山的原始林感到驚訝，盛讚其優異的存在價值。印象中他們應該也到過石清水，肯定也深為其美麗所感動吧。另一方面，他們也對京都市對行道樹的照顧不周大加撻伐。例如對御池通正中央的大樹不聞不問，既不施肥也不澆水，完全任其自生自滅。不，說是自生自滅也還好；更有甚者，生長在充斥著汽車排放廢氣的都市裡，對這些樹木真是太殘忍了！

讀了報上的那些報導讓我一則以喜一則以憂。儘管不是高經濟價值的針葉樹，但長時間以來那些累積了心靈財富的闊葉林帶給我們無盡的喜悅，我們必須對溫柔守護森林，以及保存那片原始林不受破壞的人士心存感謝。後援會的年費是五千元，我欣然地支付了一段期間，不時還有其他捐款的機會，每次回贈的文鎮等小禮物已堆滿案頭。也許長期繳費的人會笑我，我雖然怠忽了，但我感謝的心情卻是長此以往的。

石清水八幡宮與懷石料理松花堂的發源地

一九九三年五月的某一天。我一時興起決定和澤田大師再度造訪八幡市，負責開車的是我的學生杦浦勝先生，那是個適合到八幡散心的好天氣。

後來當選眾議院議員的山中末治先生在八幡町（升格為市是在昭和五十二年十一月）町長任內時，我常受邀前去演講。他也很欣賞當時的京都府知事蜷川先生，所以我們意氣投和，相處甚歡。自然經常有機會沿著「コ」字型的路拜訪八幡町。暑熱的夏天，坐在町長室的我受到山中先生熱情的服務，他不斷從特製冰箱倒冰涼的麥茶給我喝。我還記憶猶新，當時他嘴裡很親切喊我「大姊」、「姊姊」的，被我一頓搶白說不知道誰的年紀比較大呢，讓他頓時啞口無言。

那時町公所的車子會直接到京阪的八幡車站來接人，所以我對八幡町的街道不是很熟。枚浦先生家住八幡，又跟該地區的教育委員會關係密切，當我們的嚮導再適合不過了。他是我國語學的入門弟子，另一方面身為萬能選手的他還主修史學。在這麼好的導遊帶領下，我和澤田大師興高采烈地在八幡市內逍遙。

八幡市的街道擁有兩種面貌。其實大部分的城市都擁有兩種面貌。原本八幡之所以能由町升格為市，是因為目前稱為男山社區的新興地區住進大量人口的關係。那裡原是丘陵地帶，有山丘也有山谷，戰後逐漸演變成大型社區。從山丘往隔壁的田邊町繼續前進，就會延伸到大阪的生駒和奈良。往西南邊的枚方過去，在一號國道上有知名的洞峠。那附近是神南備山，據說山上有神明，所以甘南備山的茂密森林還保有古老的風貌。古代有許多來自外地的人，以及古代河內地區的人，這是蘊含著各種歷史的地帶。

八幡市因為這樣而分為新舊兩個地帶。走在舊地帶的八幡，有許多過去我所不知、吸引我心的場所。

我無意大肆宣傳其魅力，但八幡的確是很有趣、值得挖寶的好土地！

其中心當然是八幡宮。鎮守在重要位置的八幡宮歷史悠久。從貞觀年間的九世紀便開始祭祀的神社。山下有面積寬闊的頓宮④，當祭典開始時神明就會移尊就駕至此。在山下看已覺驚人，從山上俯瞰更覺得氣勢宏偉。就建築學來看，輕巧優美，比例協調。塗上紅色之後，減少威嚴，添增了雅趣。真是一座漂亮

④—頓宮：祭典時暫放神轎的地方。

㊵——松花堂。內院點綴著茶室，引人思念古茶人。

的神社。山上的神域有一座愛迪生的紀念碑，那是為了紀念愛迪生的第一顆電燈泡使用了八幡宮的竹子而成功發亮。這是個讓小孩子高興的故事！另外還有一座聽了解說也還是莫名其妙的紀念塔，我們決定不看，帶著滿足的心情下山了。因為太久沒來參拜，為了表示歉意，我添了點香油錢。石清水八幡宮不僅具有歷史性價值，對現代人的生活也發揮了很大的作用，它是八幡市的精神堡壘。

流經頓宮旁邊如同護城河的小河，上面架著小巧精緻的拱橋，名為「安居橋」，彷彿邀請我們走進那古典雅致的城鎮。八幡城鎮帶給旅人一種祥和美好的安心感，有些道路還保留著從古至今庶民風格的人家，有些古老的民家甚至被指定為文化財產。茅草屋頂厚實的程度令人眼睛為之一亮，走進屋簷抬頭仰望，至少也有一公尺厚吧；彷彿訴說著長遠歲月的沉重感。

八幡還有許多值得誇耀的文化財產。就在市中心，有一座如今名為松花堂公園的漂亮公園（是日式庭園，十分古雅），其中一幢建築內有松花堂茶室，名聞全國各地的簡易懷石料理「松花堂」就是源於此地。將四方形的漆器餐盒一分為四，高雅地配置四季不同或各地口味；換言之就像是美食樣品，兼具形式與內容的餐盒就叫做松花堂。想出這種餐盒的就是茶人松花堂，他的全名叫做松花堂昭乘，據說是生於天正到寬永年間擅長書畫的僧侶。身為住持，在瀧本坊一隅所蓋的小屋是今天這幢建築的原點（松花堂遺跡在男山上，和現在的建築有別），對喜愛松花堂美食的我而言，這真是個難得聽聞的古人。價格不是很高，想要品嚐美食時誰不會想到點一客松花堂呢？總之它很方便，不用上高級餐廳就能大飽口福。滿心期待地掀開沉重的漆器盒蓋，看到其中菜色心動的瞬間，對於我這種饕客實在是再適合不過了。質量兼具、物美價廉。真的是始祖昭乘大師所發明的嗎？還是時代稍晚的人假稱松花堂名號的創作呢？總之，想到名聞天下的松花堂就是源自於此，自然喜形於色。不禁能夠理解八幡真是個不得了的好地方！

八幡市內充滿魅力的古地名

八幡經過漫長的歷史，今天已成為一座有趣的城鎮。看著地圖我才發現，木津川對面，也就是淀川深入京都市區的那一帶仍留有八幡的屬地。想像在行政上這些地區必須對八幡市和京都市卑躬屈膝，可見得八幡這片土地絕非單純，自有其歷史淵源。

看著八幡市地圖，不禁覺得八幡的地名很有魅力。例如「垣內」的種類就很多。現在的人對於「垣內」或許不熟，可是稍微有點來歷的農村肯定會留下跟垣內有關的地名。《廣辭苑》解釋其意義如下：

> 垣內（kaito）由kakitsu音變而來：①居處的圍牆之內，籬笆內。②預定作為房屋建地或田地而區劃的土地，通常意味著中世的豪族房屋或小部落；又音為kaichi。

顯然②是從①發展而來的，然後固定化變成了地名。至於八幡市中叫做「垣內」的地方就有很多，好比：垣內山、森垣內、竹垣內、奧垣內、出垣內、城垣內、里垣內、濱垣內、內垣內、柿木垣內。

跟垣內同一類型的還有「垣外」的地名，發音也是「kaito」，從「kakito」音變而來。同一系統的地名「源氏垣外」也是位於八幡。感覺很有歷史況味，叫人欲罷不能。

此外吸引我的地名，還有男山社區內部的：「男山」，以下連接著「香呂」、「竹園」、「松里」、「弓岡」、「吉井」、「金振」、「八望」、「長澤」、「美櫻」、「指月」、「和氣」、「丸尾」、「足立」、「雄德」等令人心動的名字。多麼詩情畫意呀！還好不是常見的綠丘或櫻丘。枚浦先生就住在「長澤」。

㊶——八幡的老橋，安居橋。令人思懷曾經走過橋上的故人。

提起地名的話題就沒完沒了，八幡還有很多有趣的地名，介紹如下。

今天到八幡拜訪，依然會遇到許多不知道的新鮮事。頓宮南邊的一塊小空地上有一座巨大的五輪塔，名叫「航海塔」。雄偉的塔身教人不禁思索當初是如何搬運石材的？據說是中世一位名叫楠葉道忍——跟貿易有關的人，為祈求航海安全而興建的，真是奇妙！感覺有點天方夜譚，令人自然停下腳步觀望。在五月的嬌陽下，空地上長滿了柔弱的野草，開著一朵朵小花。澤田大師說：「這草和塔真是有趣的對照呀！」我聽了莞爾一笑，挖了兩株想回去種在花盆裡。但不知這不知名小花是否只依偎著航海塔而生呢？

洪水一來便斷垮的「逐流橋」

最後我們來到了「逐流橋」，這條橋果真是

㊷——八幡，逐流橋。平穩與狂亂交織的木橋。

名聞遐邇。它架設在木津川上。這條遠從大和深山迤邐而來的河水，之後和其他三河匯聚成淀川；但在此地儼然已具備大河的風情，從東南方包圍著八幡流下來，八幡也因此跟水結緣，地名中也不乏「浦」、「濱」、「津」等字。

這座逐流橋也是座奇妙的橋。架設在「上津屋」和對岸的久御山町之間。一如其名，設計成一遇洪水便隨波逐流。本來橋這種建物，如果流失了就會形成困擾，架設時總是處心積慮希望不會被沖斷或沖走。萬一被沖垮了，民眾會很麻煩，復原工作也很困難。這座逐流橋當然也希望能夠不流失；可是如果無法避免被沖垮的話，那就沖得一乾二淨最好。只是隨波逐流的方式非同小可，所以說它是座奇妙的橋。首先看它的構造，諸多橋腳上面橫放許多枕木，上面再鋪設橋板，木頭間用纜線和繩索綁著，有趣的是每根木頭都有編號。

㊸──八幡，逐流橋附近的茶園。傳統和現代塑膠布奇妙的共存。

當遇上颱風或豪雨時，木津川的水位暴增，大量河水直逼橋身。尤其是中間部分受到的衝擊最大。這時橋身會從中間斷裂，因為兩邊是固定住的，且岸邊的水流不及中央強烈，所以斷成兩截的橋身便往下流，但也只漂流到一定距離，絕對不會沖向下游，因為橋身相互纏得很緊，木頭不會散開。

然而，流失之後的修復工程卻很困難，聽說大概需要一千五百萬的費用。這當然是京都府該負責的工作。但由於不是每年都會被沖垮，因此沒有編列預算。一旦流失了再想辦法，到處去籌措一千五百萬，運用大量的人力和時間重新架設好。

五月在杦浦先生的帶領下造訪逐流橋時，充滿了愉悅的風情。人們三五成群，頗有公園的味道。由於這座橋名氣不小，有人是特地來觀光的，而且它架在優美的木津川上，也沒有多餘的欄杆，充滿愉快的氛圍，因而引來許多無需渡橋的人上橋一覽。岸邊盡是茶園，噴灑在陽光下的水珠閃閃發光。河邊平原有蘆葦和沙地，最適合休息。橋身有些搖晃卻不令人害怕，我也跟著稍微走了一下。真是好玩！對面走來一位牽著小愛斯基摩犬的女子，可愛的小狗居然和陌生的我玩了起來。肯定是因為小狗也感受到過橋的樂趣吧，我和小狗的主人微微一笑點頭致意。

真好！逐流橋，長久傳統下所展現的人類智慧，還有歲月的痕跡。過了半年之後的一九九四年一月一日，我剛好有事，也是搭乘杦浦先生便車來到了逐流橋。一看大吃一驚，橋頭怎麼釘上了木樁，車子無法通行。原來是去年秋天的颱風帶來洪水沖垮了橋身。

橋身斷裂成兩截流往兩側後會變成怎樣呢？杦浦先生仔細說明斷成兩截的橋身絕對不可能維持原狀地貼著岸邊，一片一片的木板或是木頭固然不會流失，但會前後顛倒地擠成一團，收拾起來十分費事，因此需要大量的人力來恢復原狀。一月了都沒能修好，據說到了年尾才修復回原貌。難怪需要花到一千五百萬費用！我不禁感佩了起來。

「既然動不動就要花一千五百萬的費用，為什麼不乾脆蓋一座堅固不會沖壞的橋，不是更經濟嗎？」我說。杦浦先生雖然贊成我的意見，但其實那是行不通的。

橋附近有一塊大石碑，是有關逐流橋的石碑。原來這座橋有著意想不到的功能，甚至還有碑文為證。那是拍古裝劇所使用的橋。沒有電線的寬廣河邊，一眼望去沒有近代氣氛、造型簡單的木橋，看不見上面的電纜線和油漆寫的編號，大概也只有這座橋可以拍攝自然的外景吧，這裡是拍攝日本古裝劇的重要場地。就各種意義而言，這座逐流橋具有縱橫的文化財產意義。聽說以前木津川上架設好幾座逐流橋，但都已經改為一般的橋梁了。這是唯一僅存的逐流橋。

「不趕快修好，拍電影的人可就傷腦筋了。」我喃喃自語地回到車上。

五月，那個遊人如織歡喜穿梭的逐流橋，和冬天這個有些荒涼隨波逐流的逐流橋，差異真是太大了，令人不勝唏噓。我暗自祈禱能夠早日再踏上逐流橋。

在正月重訪逐流橋之後，我又有了有趣的發現。在車站賣場的推理小說書架上我找到一本書，書名是《逐流橋殺人事件》，我立刻買下一口氣讀完，果然是很有趣的故事，是一名藝人借用逐流橋殺人；只是封面插畫上的橋有欄杆，有點好笑；不過利用這座逐流橋的特殊之處與殺人事件結合倒是不錯的點子。作者是山村美紗女士，這位作家是畢業於京都府立大學女子短期大學的才女。我在職期間曾到京都府大女子短大任教多次，學生都很不錯。說到工作方面，實業界的評價也不錯，有很多人擔任教職，也出了許多演藝界人士。山村女士正是其中佼佼者，好像短大的特色都具現在她身上。雖然這本小說中的逐流橋跟實際情況有些出入，但仍不失為一部有趣的作品。

八幡仍有許多不為人知的好地方。我一直都很喜愛那裡的一家點心舖。那是杦浦先生介紹、店名有點希奇古怪的「地盤宗」點心舖。店裡有各色糕點，最有名且最好吃的是該店特製的糯米粉糕。滿滿一盒裝有淡褐色肉桂口味和白色原味的粉糕，拿在手裡感覺很實在。由於我最近開始控制吃甜食，無法像過去大快朵頤，但還是很樂意買來送人，真是很爽快的粉糕禮盒呀。以前的地盤宗店面有種鄉野氣息，別有一番風情；五月再度造訪時，已改裝成老店風格的漂亮店面。店裡擺著一艘從前在淀川上往返於伏見天滿的「貸食船」⑤模型，澤田大師看了十分歡喜。很多客人買了粉糕等各式各樣的點心，我也買了一盒打算送人。回家後稍微品嚐了一塊，滋味仍如往昔那般可口。

八幡不是喧嚷的觀光地，卻帶給旅人無限的魅力。從古至今，許多認真生活的人在此留下了足跡，真可說是一號國道沿線上的霸主。不過，澤田大師卻挑剔此地找不到一家可以隨意進入，且很有個性的餐廳用餐。五月，我們是在杦浦先生家享受杦浦太太的手藝；的確在八幡車站附近找不到像樣又可以輕鬆進入、愉快用餐的店家。不過仔細想想這或許正表現了八幡不以營利為目的的風氣，值得加以稱道才對吧。

前往本書前面所提及的久多時，剛好路過大原三千院一帶，觀光商店多得令人皺眉，甚至藝人開的禮品店更是櫛比鱗次。相對地，八幡則是將獨有的味道深藏不露，兀自審慎儉約地生活著。

⑤—貸食船：又稱為「煮賣船」，從前在淀川上的船家會在船上販賣酒飯，成為當地的一大特色。

西國街道——幽篁深處乙訓之地

寶積寺前參拜道　大山崎町

㊹——大原野、勝持寺（花寺）。春天有四百多株櫻花樹盛開，不論是西行之思緒還是現代人的情思，全都消融在雲朵般的花海中。

搬遷至向日町始知西山晚霞之美

我的母親於一九三六年（昭和十一年）冬曾寫過一篇文章，以下摘錄其中的一節。家母過世已將近十三年了，如今我在稿子上振筆疾書剛好跟她寫作的季節一致，更加深了我對母親的懷念，對母親的文字更能感同身受。

……那是一月裡最寒冷的日子。大白天別說是外面的流水，就連家裡面的自來水也都快凍結了。在那樣寒冷的一天，文章（壽岳文章）剛好發燒躺在床上。一向食欲就不好的他，突然說想喝雞湯，到了傍晚我便出門買雞。乾冷的北風無情地吹在已經好一陣子沒有吸收雨水的冰凍泥地上。在萬物彷彿都忙著和嚴寒拚命搏鬥之際，看到飄流在西山上的晚霞那種安靜祥和的感覺，令人至今難忘。那顏色似紅非紅、似朱非朱；而且不單只是紅色，而是帶有金色的柔美光彩……要是有人看到我佇立在寒風中望著彩霞發呆的樣子，一定會覺得我很奇怪吧！

事實上母親在這篇文章的前後清楚地訴說了一種生活思想，還穿插了一對鶼鰈情深的老夫婦愉快欣賞夕陽的故事。在紅色夕陽、晚霞繽紛的美麗黃昏裡，老夫婦遇到一位旅人的故事，一個描寫愛的光輝的故事。當時父母都還年輕，三十出頭，我則是小學六年級的學生。

在空氣澄明的晴朗日子，黃昏的西方天空上還看得到母親當時目睹的晚霞之美。母親之後和父親合出了幾冊的《向日庵私版》，其中有些散發著威廉·布雷克①《無明之歌》、《無染之歌》的色彩。母親試圖模仿布雷克的版畫味道，熱心地以布雷克的色彩作畫。利用顏料和細筆，仔細地上色。一切以布雷克夫婦為本製作的彩繪書，作工確實精緻。主要都是母親的努力，但既然是模仿布雷克夫婦，父親多少也得幫忙。雖然只是稍微瞄過一眼，身為小孩子的我也一樣能感受到那些圖畫的纖細精緻。

寒冷的黃昏，一個人看著晚霞發呆的母親心中是否在構思那對老夫婦的故事、希望在將來由自己彩繪出布雷克的版畫呢？

從母親的那篇文字聯想到偶然看見的晚霞，我突然又想起了一件往事。在這向日町，尤其是我居住的地區，的確能看到很美麗的晚霞。

且讓我再引用一篇母親的文章。這是一九三三年（昭和八年）剛搬到向日町時，雙親通知親朋喬遷的信件內容。

……向日町一如其名，是個陽光充足的地區。應該是個健康的好居處，可是對住慣南禪寺濃蔭深處的我們似乎顯得太明亮了，一時之間有些無法適應。不過附近有許多樹叢，稍微走一點路就能來到純正的村落，應該能滿足喜愛自然的我們吧！

這是壽岳一家對向日町的第一印象。同一封信中也提到了南禪寺。

……住慣了將近十年的南禪寺居處，周圍樹木林立，就連晴朗的白天也感覺屋內有些陰暗；聽不見都市內的嘈雜，日光、風雨總是悄悄來訪。對於習慣靜思的我們實在是夢寐以求的住家。

南禪寺就是這樣的地方。我們家西邊的樹木繁茂，又是平房建築，所以幾乎沒看過晚霞。當然爬上三門就能欣賞到日落西山的絕景，但我們很少想要觀賞夕陽。

來到向日町後，情況大變。充滿長岡京遺跡的向日町，一如「長岡」地名，地勢較高。而且我們家又

①—威廉．布雷克：William Blake，一七五七～一八二七，英國著名詩人。

是位於向日町的東邊，爬上二樓就能一路遠眺宇治、伏見、桃山等地。現在東邊蓋了許多新房子，遠眺已不若從前了，但還是能看見新幹線的高架軌道，以及宇治、醍醐等山頭。

西邊的展望則還開朗。搭乘阪急電車往京都、大阪方向時，可以長時間地觀賞到西山連峰。北邊的小鹽山高六百四十二公尺，南端的砰砰山高六百七十八點七公尺；高度不高，卻是山城盆地的西邊壁壘，呈現壯麗的稜線。感覺跟眺望長野縣東南方綿延的南阿爾卑斯、八岳的景觀不相上下。

西山的落日確實很美。從我們家二樓面北房間的窗口向西望，雖然和東邊一樣屋屋相連，但西山仍悠然鎮坐天空下。有時天空會像曾經讓母親癡望的那般火紅；有時則是染成一片沉靜柔和，如同石竹花的淡紅色彩；有時也能捕捉到晶亮的星兒。向日町本身就不大，一轉眼便融入了四方，到處都能得見晚霞。以前從我們家往東邊的田地稍微走過去，就能看見八月十六日東山上的大文字。直到今天，在前往京都的車上，稍稍瞥見比叡山和後面的比良山脈的積雪，心情依然興奮。

向日市也有幾條通往大阪（南向）的道路。自古相傳的「西國街道」斷斷續續地延伸到隔壁的長岡京市。戰後這附近因為離京都市很近，開發的速度飛快，到處都蓋滿了房子。由於緊鄰的長岡京市比向日市要寬闊許多，開發的腳步始終未停，不斷往裡面（西邊）蓋了大型社區。在此情況下，西國街道只有部分地區還能保存舊貌地往大阪的方向延伸。

向日市保留的西國街道相對來說較長。因為和新的道路並行，我經常會選擇走古道。我常想，以前形容道路狹窄會用「刀鞘互碰」來形容，實際上這麼窄的古道，武士的刀鞘應該會經常碰撞吧，不過我覺得這樣的路寬正好。常看到古裝劇中出現寬廣的道路，如果真要講究，那樣的大馬路就顯得虛假，應當設計這樣的道路布景才對。我是充滿愛意地走在這古意盎然、令人心情平靜的小路上。遺憾的是，一些電視上也介紹過的傳統民房都翻新了，但街道本身還是充滿了樂趣。我小學四年級轉學過來時，曾經進到幾個同學位於街道旁的店家裡，對於房屋的狹長程度驚訝不已。酒糟店、豆腐店、拖鞋店……有些店家外的木格子外牆相連。有為我們家送米的店家，也有會在除夕做年菜餐盒的店家（我自己會做些簡單的青菜、滷味，精緻的菜色便麻煩商家了），大家都在這條街道上。蔬果店離家很近，就在阪急線西向日車站的旁邊，我們和這些店家已經有多年的交情了。我尤其難忘戰爭時期商家的好意，在彼此幫助相互勉勵（我多半屬於受幫助的一方）之下，總算度過了那艱辛的時代。

向日町自然是以向神社為中心。這是一座歷史悠久的神社（該神社於延喜式神名冊②登記有名）。歷代神社住持都世襲六人部之名。大殿建築是重要文物，尤其精采的是，一路緩緩延伸至大殿的石板參拜道，兩側遍植櫻花樹。春天時繽紛豔麗的景象，難以言喻。

神社的南邊就是我畢業的向陽小學，也是一座古老的學校；容我直言，當我轉學時，還真是為教室的老舊而吃驚呢！我還記得不久後蓋了新校舍，還在寬闊的運動場一隅築了高聳的升旗臺。結果突然來了室戶颱風，把升旗臺像捏糖般吹得東倒西歪。小學本身就蓋在傾斜地上，校區的地形就是上上下下，從高處可以直接通往向神社的參拜道。由向神社往北走的山丘坡道，一路上可以俯瞰小畑川，那是我們一家人喜愛的散步路徑。如今山丘已經沒有了，泥土全都移作東海道新幹線之用，剷平的土地則蓋滿了府營住宅。滄海桑田，那片土地竟成了孩提時代的夢境遺跡了。

②—延喜式神名冊：延喜式為延喜時代（九二七年）編纂之律令。延喜式神名冊編列了二千八百六十一座政府公認的神社。

四季魅力不同的舊乙訓郡古社寺

我常想日本這個國家，真是擁有許多的寺院神社呀！過去向日町、長岡町和大山崎町合為乙訓郡。乙訓（Otokuni）是很傳統古典的地名，可以溯自《古事記》。關於其由來可以滔滔不絕地舉辦一場國語學說明，我很喜歡這個地名。「京都府乙訓郡向日町」這一連串的地名聽起來多高雅呀！可以感受到古代—中古—中世—近世—現代一脈相傳的歷史。然而戰後因為人口激增，除了大山崎町外，其他兩處已升格為市。儘管許多人都偏向將三個町合併為乙訓市，但結果卻是，向日町升格為向日市、長岡町升格為長岡市，獨留大山崎町來守護乙訓郡。過去三町合建的乙訓中學在向日市，竟不顧多數民眾的反對（我也十分反對）改名了。

另外值得一提的是，在長岡市有一座名為乙訓寺的古剎，每逢牡丹盛開時節，都會將繪有各式牡丹的畫卷開放給民眾參觀。至於乙訓一帶，另有不少可資見證的神社和寺院，供後人探尋這個地區悠遠歷史的軌跡。

過去的乙訓郡面積比現在寬廣，有一個名為大原野村的地方。現在和有名的桂離宮等所在的桂川右岸地帶一起納入京都市的西京區。大原野村有花寺（勝持寺）和大原野神社等寺院神社。這一帶曾是我們家的健行路線，好懷念那段時光！儘管工作繁忙，一到星期天我們一家還是常到外面走走。我甚至很欽佩體弱的母親也那麼能走，想來她也很努力參與吧！

我們帶著便當、手提水壺，首先由明神（向神社）的山丘向北走，到了山丘盡頭再往下走西邊的道路。那裡就像是一處山頂，西邊豁然開朗。我們走向西邊，沿著西行③的路線前往花寺和大原野神社。大

③—西行：一一一八～一一九〇，平安、鎌倉時代的詩僧。周遊列國，詩風平明枯淡。著有《山家集》。

㊺——向神社。已指定為文化財產的建築和美麗的參拜道。

㊻——大原野神社，鯉澤池。神苑池塘綻放著睡蓮，五月的花之饗宴。

原野神社是與藤原氏④有關的神社，建築恢弘，廣闊的境內有茂密的樹林和四時盛開的花草，尤其是秋天的紅葉更是一絕。今天已成為觀光勝地，過去卻是很寂靜的。

一個秋天的假日，我們一家四口，從神社和花寺後面爬上小鹽山，山上有淳和天皇⑤的陵寢。相傳淳和天皇曾留下遺囑將自己骨灰隨風飄灑，這位人王如此淡泊的心志，令我們十分激賞。我們一路聊著其所處時代的壯烈悲慘，一邊氣喘吁吁地上山，各種樹木的美麗紅葉，增添了秋天山路的許多魅力；一路上不見其他行人，安靜的空氣中有鳥囀、風聲和我們一家快樂的談笑聲。六十年過去了，感覺卻還像是昨天一樣；儘管流了許多汗水，一到山頂上的陵寢，在涼風下頓時乾透。父母手指丹波方向細說一二，我們心中則開始神遊那些未曾到過的土地。

大快朵頤吃著母親自己捏的飯糰、煎蛋、滷魚板、燙青菜等。回家的路倒是很快，下午三點左右便到家門了。

國鐵的向日町車站和大原野之間曾經有馬車往返，我們家大概去好幾次大原野才會搭一次馬車，當時的大原野一帶還有著偏僻鄉野的氣氛。

戰時錯誤的軍國主義曾經仿效其他天皇的例子，為安靜長眠在山上的淳和天皇興建了熱鬧的參拜道，也就是蓋了一條汽車也能通行的馬路。過去只是一條小山路而已呀，從此我們家便不再去陵寢了。

來自丹波的風，在陵寢附近造就了松籟一片，我由衷喜愛過去的小鹽山淳和天皇陵，懷念孩提時期和父母愉快生活在乙訓地區的種種，而今對淳和天皇遺風的感懷也隨之漂浮在遙遠的天上吧！

儘管如此，今天的大原野一帶仍瀰漫著一股奇妙的氛圍。寺院尤其很多，十輪寺、善峰寺、三鈷寺、

---

④—藤原氏：日本古代皇室、貴族的名門家族。

⑤—淳和天皇：七八六～八四〇，日本第五十三代天皇。

金藏寺、正法寺……自有一種聖域般的靜謐氣氛。

最近，我拜訪了住在這西山山麓深處、遠離塵囂的一戶人家。走進白天也略嫌陰暗的山路，稍微爬上一段斜坡後，便能看見一棟以原來民家改建而成的工作室。我一方面恍然大悟原來通往大原野神社外也有許多進入西山的道路，同時也很盡情地享受沿路桃花源般的清幽風情。到目的地的沿途上，民家都十分宏偉，尤其引人興味的是他們幾乎都姓齋藤。詢問的結果，原來是當年和藤原氏一起來到奈良的人們的後代。給人一種久遠的歷史沉潛般的感動！

長岡京市的柳谷觀音和舅舅岩橋武夫

懷著對西山的諸多思念，沿著西國街道一路往攝津累積見聞而去。從向日町往隔鄰的長岡京市前進。這裡最有名的長岡天滿宮，就在阪急車站的不遠處，莊嚴寧靜。傳說菅原道真⑥左遷至九州時曾留下的八条池，池面寬闊氣派宏偉，十分適合坐落在神前。

因為我認識住在這附近的許多人家，所以也是我常走的一條路。這裡有許多的故事，那些人和這些人，無盡的相思。而我的思念則是繼續往西行，延伸到西山，那裡有知名的柳谷觀音。以前遠足時也常到那裡；我還有個更久遠，流傳在我家的回憶。

母親在認識壽岳文章之前是岩橋家的長女靜子。她的哥哥岩橋武夫在就讀早稻田大學理工科時，突然失明了。儘管接受了當時最高明的醫學治療，仍舊永遠失去光明。武夫的母親阿華陷入了哀傷的深淵，一心祈禱兒子的眼睛能再度復原。光是倚靠醫學無法令她心安，據說還經常去參拜柳谷觀音。

「她真的是很愛自己的孩子，是個感情勝於理性

⑥—菅原道真：八四五～九〇三，平安前期的政治家、學者。由京都遭左遷至九州太宰府，歿於當地。後世尊他為天滿天神，為學問之神。

㊼──從大山崎眺望男山、橋本。宇治川、木津川和桂川匯流成為淀川。前面是一七一號國道和阪急電鐵。日本一重要的風景。

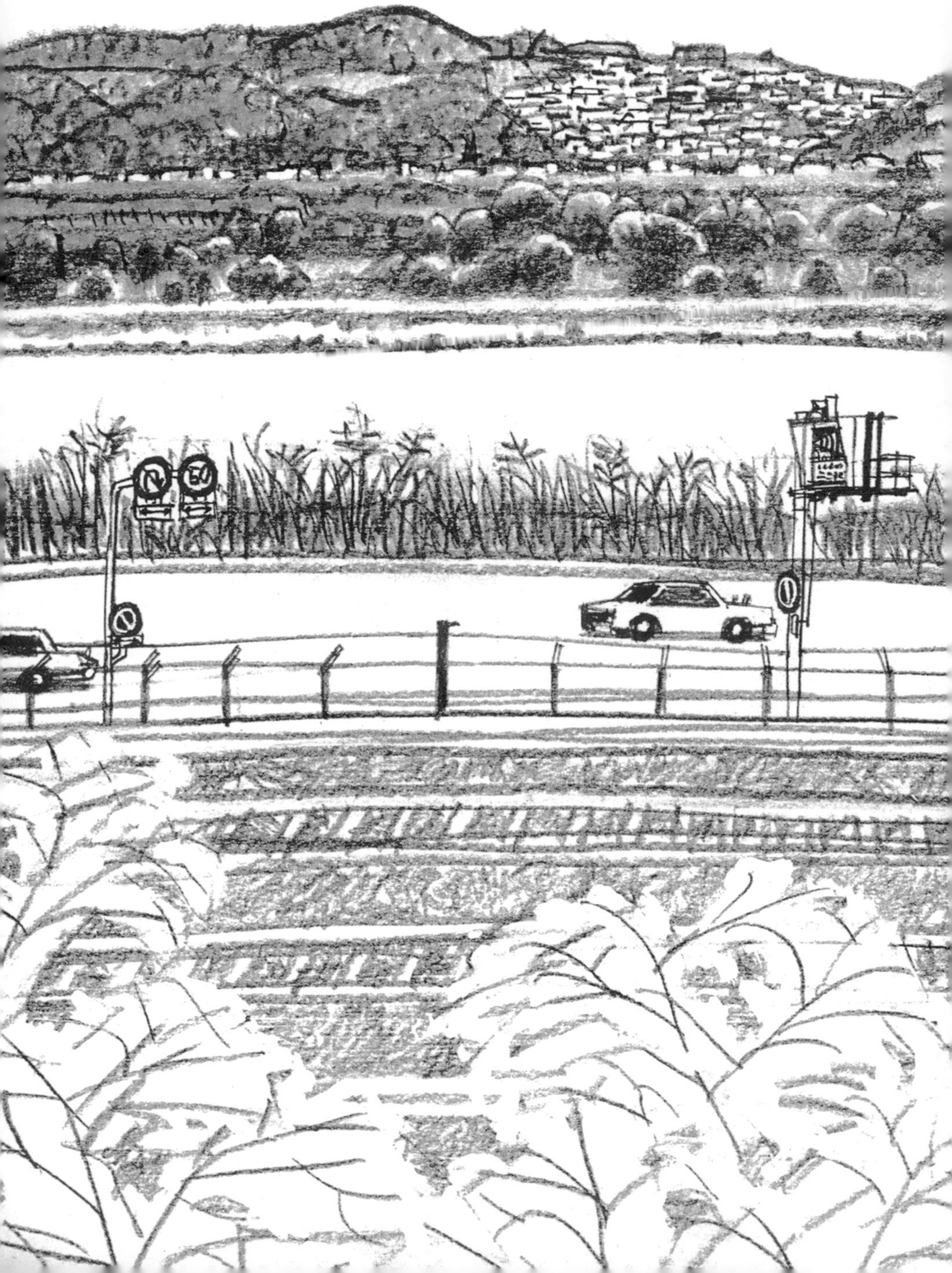

㊽——大山崎，街道旁的民家，奇妙的寂靜。

的人，經常去柳谷參拜。」母親懷念因悲傷於五十八歲便過世的外祖母，總是含著淚水對我訴說這段往事。

大正初期的年代，前往柳谷參拜的道路不像今天這麼方便，從大阪前來肯定十分辛苦，我不禁在心中低喃：可憐的外祖母！舅舅岩橋武夫努力從地獄的深淵向上爬，轉學至關西學院就讀，之後於大阪設立了日本最早、也是世界第十三個Lighthouse愛盲組織，終身為盲人福利犧牲貢獻。失明的人也有失明人自己的人生；當初那個母親為年方二十便看不見的兒子所付出的悲傷與不安又算什麼呢？後來我也常去參拜柳谷觀音，當時外祖母已經不在人世了，我總覺得周遭的山川草木蒙上一層憂愁的色彩。

長岡也有光明寺，寺前是平緩連綿的石階。屬於淨土宗西山派的發源地，法然上人⑦最早就是在此提倡念佛；熊谷直實⑧建立了念佛三昧院。我一聽到這些草創時期的故事，便覺得感觸更深。這裡的紅葉極美，寬廣的寺境內彷彿淹沒在紅海中。

這裡有我一段難忘的回憶。在日本攝影史留名的木村伊兵衛大師曾經為我在此地拍過照。關於這段往事已於《千年繁華》書中提過。木村大師幫我拍了好幾張照片，其中一張就是在這光明寺。構圖很有趣，我站在光明寺一隅的走廊欄杆旁，走廊上面走過一名身形瘦削、身穿黑衣的僧人——那個僧人納悶地看著鏡頭（也就是看著木村大師）。這張照片不只是拍攝了古剎中的一名女子，而是更具有人性趣味的圖案。那張照片後來在京都高島屋的木村大師個展中展出，之後便送給了我，如今我掛在往二樓的樓梯上方。木村大師已經過世，這是將近二十年前的往事了。我無法忘懷那兩天和木村大師的愉快交談，以及他動作迅

⑦—法然上人：一一三三～一二一二，平安、鎌倉時代的僧人，開創淨土宗提倡念佛往生。

⑧—熊谷直實：鎌倉初期武將，於一谷戰爭討伐平敦盛而出名。

㊾——山崎，受到許多民眾喜愛的聖天堂。

速按下快門的名攝影師風範，這是一段光明寺方也不知道的往事呀。

目睹動盪不安之日本歷史的大山崎

長岡京市在舊乙訓郡中面積算是很大，隔鄰的大山崎町則比向日市小。除了面積小又多山，因此在平地稀少的情況下，將來升格為市的可能性微乎其微。然而它卻是一處很有個性的土地，歷史上也有其重要性。町內的天王山，並非只是一座小山的名字；在當年羽柴秀吉（即豐臣秀吉）與明智光秀⑨的爭戰中，因為秀吉占據此山贏得一統天下的好彩頭，使得天王山成為勝敗之關鍵所在的代名詞。我曾經爬過好幾次天王山。

還記得有一次為了ＮＨＫ的工作，我和會田雄次⑩先生一起上山，途中我們站在最佳的眺望地點俯瞰，感觸極深地聊起了大山崎所具有的特別意義。一如會田先生的大聲驚嘆，這裡可謂是日本大動脈，有三川匯流、新幹線、東海道線、名神高速公路、一七一號國道等，全都集中在此處和對岸八幡市之間的狹窄地帶。由上方俯瞰，就可一目了然。

在近代日本史上，大山崎也占有相當的位置。大山崎町本身比起向日市、長岡京市，感覺安靜許多，充滿古意。一種注視時代最前端和懷舊眷戀的目光共存，則是它耐人尋味的地方。

我個人覺得它比向日市、長岡京市的變化要來得少；但對長年居住此地的人來說，卻是充滿了令人悲傷的變化。尤其是對自然環境的破壞，實在是今非昔比。

來到天王山的半山腰，就有山崎聖天堂、寶積寺、小倉神社等寺院神社，一路上參拜的信徒絡繹不絕。此外在前往天王山山頂的途中，有元治元年（一八六四年）因為「禁門之變⑪」（蛤御門之變）而在此自刃身亡的真木和泉守⑫等十七人之墓，訴說著明

㊿——在過去的歷史中，浮沉於男人野心世界的山崎離宮八幡宮。

治維新之前日本動盪時期人民行動的卑微與無奈！

大山崎町的歷史比起向日市、長岡京市更為動盪不安，彷彿日本史的其中幾頁都集中在此一樣。或許也是受到了地處交通要衝的影響，這個地區瀰漫著一股淡淡的哀愁。也因此我喜歡阪急大山崎車站到JR山崎車站之間的七、八分鐘路程，感覺十分安靜寂然。從阪急轉乘JR得進入大阪的攝津富田車站，我

⑨—明智光秀：源光秀，一五二八～一五八二，戰國、安土桃山時代的武將，通稱十兵衛。曾發動本能寺之變偷襲織田信長，信長因而自殺。卻於山崎與羽柴秀吉一戰敗逃，死於土匪之手。

⑩—會田雄次：一九一八～一九九七，評論家。

⑪—禁門之變：發生於文久三年八月十八日（一八六三年九月三十日）的政變，又稱為八一八政變。

⑫—真木和泉守：真木保臣，一八一三～一八六四，因禁門之變失敗與各藩出身的十六名武士於山崎天王山自刃。

卻因喜愛大山崎的幽靜而經常往返於山崎兩個車站之間。

過去這是個動盪頻仍的土地。身為通往桂川的港口，也曾見於《土佐日記》⑬的記載；接著是中世時期和製油業相關的人們動態；如今位於兩個山崎車站之間的離宮八幡宮，則是個記錄了昔日輝煌與遠離塵囂的寂靜之地。在製油業的歷史中曾占有很重要的地位。一開始是荏籽油，然後是菜籽油，其生產和銷售都以八幡宮為中心設立了同業公會，加入公會的商人被稱為「神人」，十分活躍。例如信貴山緣起畫軸中異想天開的飛倉圖，也是因為山崎的富豪才有的。山崎這地名很自然跟「有錢人」連在一起。

我大學任教時期的年輕友人十分喜愛陶器，經常去逛東寺的弘法市集。有一天竟然黑臉黑手地回到研究室，手上還捧著一堆一樣烏漆嘛黑的黑陶碎片。仔細一問才知是從這山崎附近的河裡挖出來的。曾經歷經無數次的洪水，也曾是熱鬧的河港，河床裡埋有許多陶器也是理所當然的吧！

往隔鄰大阪府三島郡島本町而行，就是水無瀨。水無瀨可是文學小鎮，首先浮現腦海的就是谷崎潤一郎⑭的《割蘆葦》。還有戰國時期的俳句詩人山崎宗鑑⑮，以及利休⑯的妙喜庵待庵。那間國寶般的茶室為大山崎町增添了寶石般的光彩。

今天我對大山崎另有一番特別的回憶。一九九三年五月十三日下午，我帶著遠道從阿根廷前來日本的兩名客人走在大山崎町的西國街道。那天一大早我先參加介紹滋賀縣長濱市的電視節目，然後立即趕回京

---

⑬—《土佐日記》：平安中期的日記，紀貫之所作。以女性文體記錄了九四三年十二月結束土佐守任期回京都時的旅遊見聞。

⑭—谷崎潤一郎：一八八六～一九六五，東京人，小說家。著有《春琴抄》、《細雪》等作品。

⑮—山崎宗鑑：一四六五～一五五三，室町後期的俳句詩人。

⑯—利休：千利休，一五二二～一五九一，安土桃山時代的茶人，為千家流茶道的開山始祖。

㊿1——濃縮茶人的心靈藝術。山崎，妙喜庵待庵。

52——層層脫殼的竹筍。你們在訴說些什麼？五月的童話。

都，和來自阿根廷的客人碰面後，一起前往大山崎的山多利。

這兩位客人是我母親所翻譯的《遠方與往昔》（*Far Away and Long Ago*）原著作者哈德遜（William Henry Hudson）胞妹的孫女薇奧蕾塔女士，及哈德遜博物館的現任館長（前任館長為薇奧蕾塔女士，將哈德遜生前的住處改為博物館）。母親於三十來歲時，傾注熱情翻譯了哈德遜的傳記（岩波文庫），以其少年時期在阿根廷大草原的青春記事為背景，此書廣受日本讀者的喜愛。該博物館獲得山多利股份有限公司

的基金贊助，讓兩人得以赴日。為紀念此一盛舉，在東京和京都分別舉辦了聚會。京都會場選在大山崎的山多利股份有限公司，由我擔任司儀。

那是一場愉快的聚會。讓我印象深刻的是，當我們走過大山崎狹窄的舊街道時，薇奧蕾塔女士稱讚「真是一條美麗的街道」。從東京搭乘新幹線來到京都，然後接觸到京都的喧嚷，超過八十高齡還很健朗，一向深愛阿根廷大草原寂靜的薇奧蕾塔女士，似乎從喧囂走入安靜的西國街道，頓時感到心情平靜了下來。山多利會場的感覺很舒適，與會者皆因好場地和好話題而相談甚歡；那一天的天氣也很好，因此許多人便順道前往了聖天堂。我因而認識了許多新朋友，有了一個愉快的午後時光；儘管我和喝酒一向無緣，但大山崎的山多利卻成了我回憶中的場景。就這樣，大山崎為我的歷史又增添了美好的一頁。

過去我年輕的父母剛搬來乙訓之地時，最愛這裡的特色——竹林。到處可見的竹林，堪稱日本第一的乙訓竹筍。剛搬來此地時，已經是春末夏初了，便宜價錢就能買到好竹筍。事先跟鄰近的農家拜託，傍晚時分就會送來剛挖出的竹筍，稍微川燙一下，用來煮味噌湯或加上許多的海帶芽煮成竹筍飯，都充滿了食趣，而且十分美味可口！

西山山麓一帶，竹林連綿不絕。而且都是照顧良好的孟宗竹林，我們經常去參觀竹筍的採收。我們完全看不出來竹筍的藏身處，但是挖竹筍的人就像是無中生有般巧妙地挖出可愛的竹筍。竹筍正是「竹之子」，果真就像是竹子的小孩一樣，得從土裡挖掘出來，一如變魔術似的。美國的陶藝家格林夫婦到京都五条坂拜訪河井寬次郎大師，順道來我家時，父母很高興地帶他們到竹林散步。竹林原本就很優美，柔美搖曳的姿態、穿越枝葉的美麗陽光，任何人都能感受到這種東方式的纖細美感。而且還有挖掘竹筍的樂趣，剛好遇到有人在挖竹筍而駐足觀看的格林夫婦，忍不住連連讚嘆「Oh! Wonderful!」。他們夫妻倆應該品嚐到真正的日本風味吧！我永遠難忘那一天的情景，就像是一幅畫一樣。

那些竹林隨著開發的腳步已日漸減少，換句話說，竹筍的產量也銳減。過去秋天的丹波松茸和春天的乙訓竹筍，號稱是京都味覺的兩大代表，如今兩者質量都大不如前。竹筍多少還能栽種，比起松茸要好一些，至少還吃得到；只是無法像過去一樣喜歡吃多少就吃多少，得先跟荷包打好商量才行。

最喜歡吃竹筍的雙親已經過世了，一個人做飯嫌麻煩的我，唯有竹筍一定會按照母親的做法，先燙過再煮成竹筍飯，然後盛在漂亮的盤子上，供奉在雙親靈前。

「又是竹筍的季節了，爸爸、媽媽。」我輕聲低喃。

質的部分暫且不論；就量而言，乙訓竹筍早已讓出了王位，目前據說產量最多的是九州和四國，然而被稱為白子、小巧可愛、躺在地底的乙訓竹筍，其鮮美滋味仍是我心中的日本第一。我祈禱竹林千萬不能再減少了，不僅是為了味覺，更因為它那天然獨特的美，竹林可說是乙訓的靈魂。

我度過大半人生的乙訓，生活中朝夕眺望的西山，日漸年邁的我對它們的愛是永恆不變的。

奈良街道——歷史、自然與人文

舊時商家門前相連的道路　南山城

❺❸──南山城的山村。石牆、白壁、山城風情。

從街道名稱看歷史與文學

南山城這地名聽起來就有種特別的氣勢。和奈良、大阪相通，北望京都，位處於此地理，當然成為古代史的大舞臺。

最近我收到一本很有意思的大書，書名是《京阪奈風土記》（京阪奈指的是京都、大阪和奈良）。一旦開始閱讀便欲罷不能，此書記述從大和奈良到大阪的河內，也就是所謂的神南備台地到八幡、木津川流域等地區的人們過去做了什麼？流過怎樣的血淚？有過什麼榮景和悲慘的歷史？就這一點，只看京都的部分，其中最適合人居的地區就屬南山城了。

而且因為太適合人居了，也有令人捧腹大笑的一面。我在八幡那一節（一號國道的章節）曾經提及的人名，現在也是枚方市的重要地名樟葉。樟葉站是京阪電車的一個大站，上下乘客很多。我曾經十分讚嘆這文字和地名之美！

可是根據這本書的說法，以前崇神天皇①（御間城入彥）和武埴安彥兄弟鬩牆發生激烈的爭戰。隔著河川兩軍對峙，因此有了挑川（idomi-kawa）的地名，不久產生音變成了泉川（izumi-kawa）。的確就音韻史的角度來看，這也是很有可能的。如同《百人一首》②中：

泉川洶湧三河原
似曾相識昔戀人

充滿優雅意象的泉川，原來竟是人類因爭奪霸權的可怕欲望而相互對峙的場所呀！好玩的說法還在後面，因為戰敗一方的士兵爭先恐後地四處逃竄，有些人因過度恐懼而嚇得屎落褌下。因此有了屎褌的地名。後來屎褌（kusobakama）的發音久而久之變成了kosuha，人們又為它加上了美麗的漢字樟葉（kuzuha），這就是其語源由來。什麼呀！我實在忍不住大笑，真是太過極端的演變了。

雖然如此，但又讓人覺得很真實，是極具人味的愉快傳說；我不禁為那些渾身屎尿的士兵活命而祈禱。這種傳說比那些充滿野心的故事更能打動我們平凡老百姓的心呀！

該書提到了許多偉大的歷史故事，比起來我的人生真是簡短得微不足道。但在我的人生中也有一些難忘的回憶，且記述其中一二。

現在經過當地的交通，首先是JR的奈良線、近鐵京都線（以前是單線窄軌的奈良電車）。這兩條路線過去沿著古老的奈良街道，現在則是沿著並行的二十四號公路，交通十分發達。再加上配合目前造成許多問題（正反兩面都有）正在開發中的關西文化學術研究都市（簡稱學研都市）而興建的高速公路等，使得這一帶變得相當熱鬧。

前面我也提過，在京都府立第一高女時代的體力適應遠足，所參加過各種第一班的目的地當中，我最喜歡的就是奈良。一路上經過的伏見、宇治等城鎮，光是那盡顯古老奈良街道之美的地名就令我雀躍萬分：桃山、六地藏、木幡、黃檗、玉水、上狛等是JR的站名；上鳥羽口、丹波橋、小倉、伊勢田等則是近鐵的站名。人們業已沉醉在站名的優雅之中。

往來車輛較少，寬度狹窄的古老奈良街道尤其精采。看到我們女學生大排長龍的隊伍，沿途的民眾也很親切，當道路來到木津川河堤時，開放的感覺真是舒暢。而當兩腳越來越酸痛，臉上表情也開始扭曲，夕陽西下之際，總算抵達奈良坂。遠方是暮色中的奈良城鎮，一眼就能看到醒目的興福寺寶塔，心中的感動就像是平安朝故事中的女人萬種情思排山倒海而來一樣。真不愧是連接京都和奈良的街道，時間的長河

①—崇神天皇：西元前一四八～三十年，第十代天皇，其故事見於《日本書紀》和《古事記》。

②—《百人一首》：相傳由藤原定家編撰一百人所作之和歌而成的詩集。

層層堆疊，令人產生超越疲憊的舒暢心情，遠足奈良的四十公里路真是太美好的經驗。不介意目的地，幾乎每一學期我都會參加第一班的體力適應旅行，回憶起奈良，至今仍如一幅美麗的圖畫，印象鮮明。

戰爭時期多半沒有什麼好的回憶，我對祇園的感觸尤其深刻。從珍珠港戰爭爆發起就是彈藥庫的該地，如今依然給人晦暗的印象，因為軍備工廠就在附近，京都的學生都會定期被動員到工廠服務。那是散布在松林中製造砲彈的簡陋工廠，我們按照家庭工廠般的程序將火藥填入大砲的彈丸裡，稍微用秤量了分量（無法很精密），再裝進白色袋子裡。說起來也是很悠哉，大家一邊聊天一邊工作，大概勞動服務了一個星期吧，大約是戰爭進入第二年，還不到苟延殘喘的時期。戰爭的最後階段，低年級生曾在逢坂山隧道有過悲慘的經驗。當時的我就讀仙台的東北帝大，被動原去勞動服務的陸軍兵工廠規模之大實在不是祇園可比擬的。祇園時期的最大痛苦是宿舍，住在一點暖氣都沒有的木造破房屋，睡覺時只能靠陸軍毛毯禦寒，伙食也很糟糕。冬天固然很寒冷，唯一的好處是不用煩惱一到夏天便大舉出動的蟑螂！

不過青春年少總顯得光輝亮麗！我們有時會開同樣被動員的專科學校男學生的玩笑，還幫長得十分英俊的中尉取了「油壺」的綽號（因為剛好當時學校教了近松的淨琉璃③，其中提到「光鮮亮麗的美男子，一如剛從油壺中撈出的美男子」。很喜歡這一段文字的同學便立刻用在中尉身上）。所以還是很有趣地度過了那一個星期。

餓壞了回家的我，正巧遇上有人送山豬肉火鍋來。結果吃太多搞壞了胃，從此對豬肉便產生過敏，這也算是回憶一樁吧。

淨琉璃寺的靜謐和父親的身影

我開始在南山城一帶有意識地東奔西走當然是在

戰後。我一向愛讀和辻哲郎博士④的《古寺巡禮》，也曾造訪過其中少數的幾所，淨琉璃寺卻還未去過。

那是在戰爭過後的第三、四年吧。一個晴朗但還吹著寒冷季節風的一月天，我決定和父親一起去淨琉璃寺走走。因為要走相當長的一段距離，母親無法負荷，所以留下看家。那天是週末，我們帶著簡單的便當和水壺出發。

仔細回想，當年我剛到府立大任教，約二十五、六歲上下；父親也還不到五十歲正值壯年，完全沒有想到晚年會出現那些惱人的四肢疼痛等毛病。我們先搭國鐵奈良線到木津，然後轉乘關西線到加茂，最後才朝向淨琉璃寺步行而去。不復記憶當時我們說了些什麼，心中有什麼想法，只記得我們父女精力充沛健步如飛地走在那條愉快的路上。

因為戰爭結束了，施行和平憲法令人心情雀躍。或許是父親認識路，也可能是指標很清楚，我們幾乎沒有迷路地順利抵達寺院。經過長期的戰亂，維護寺域也非易事吧！好不容易度過苦難的寺院，散發安定人心的氣氛，那是一種靜謐沉穩，帶點殘破的古寺風情。佛寺以寶塔、水塘等構築而成的孤寂淨土趣味迎接我們。

父親到廚房喚了一聲，安靜無人回應。於是我們自行坐在簷下享受簡單的午餐。用完餐後才看見一名身穿國民服⑤、抱著一大把薪柴的人走來，原來是住持。同屬真言宗的兩人相談甚歡，住持還開了大殿，讓我們參拜寺內供奉的九尊佛像和吉祥天女。

---

③—近松的淨琉璃：人形淨琉璃，又稱為文樂。以三味線伴奏演出、演唱淨琉璃謠曲，操作人偶演出的戲劇。近松門左衛門，一六五三～一七二五，江戶時期歌舞伎、狂言、淨琉璃等劇作家。擅長描寫人情與義理的糾葛，主要作品有《曾根崎心中》、《心中天網島》等。

④—和辻哲郎：一八八九～一九六〇，兵庫縣人。哲學研究學者。著有《倫理學》、《國民道德論》等書。

⑤—國民服：日本政府為解決布料不足，於一九四〇年下令要求全國民眾穿著統一樣式的服飾。

當時他們提到住持的兒子人在奈良，也就是現在的住持佐伯快勝先生⑥。幾十年後，他已然成為闡述憲法的名僧，後來我也將成為該領域的同志，只是當時的我渾然不覺。不久，我們父女倆便告辭住持前往奈良。

我還記得途中經過了岩船寺，至於從哪裡走哪一條路到達奈良，卻毫無印象。因為父親知道路，我一路跟著疾行，猶記得路上看到了一處火燒山，濃煙迅速瀰漫整個山野。

太陽還高掛天空之際，我們已到達奈良。在小吃店點了蕨菜餅吃，傍晚時分才回到家。我和父親難得兩人相偕出遊，所以對那一天的記憶特別鮮明。我記得那天穿著一件好像是什麼美援物資（亞洲救濟聯盟的物資）的黑色外套。

那已經是四十四、五年前的往事了。之後我也造訪過淨琉璃寺多次，漸漸地觀光客、參拜的信徒多了；幸虧淨琉璃寺很努力於防止本身流於俗化，以維持佛門聖域，因此寺院本身一如往昔，就是人煙增加了。另外周邊以觀光客為對象的餐飲、名產店雖然簡樸卻也增多了。只是不像三千院前的繁榮，也沒有藝人開的店。值得欣慰的是，還可以在某些店家一邊捏陶一邊享用高雅可口的好茶。儘管人事多變，我依然難以忘懷那似遠又近的淨琉璃寺參拜經驗。

京都府僅存的村莊，南山城

南山城是京都府唯一的村莊。村莊，這個名詞聽起來淳樸、溫暖，我最喜歡村莊了。如今許多村莊都發展成鎮或市，但它們曾經是保留許多日本人源頭的地方。隔壁的滋賀縣也僅存朽木村，大阪也很難得地還留下一個千早村。有些縣或許還留有許多的村莊，

⑥—佐伯快勝：一九三二年生，奈良市人。目前為淨琉璃寺住持，著有《巡禮大和路的佛像》、《菩薩道》等書。

54——淨琉璃寺，吉祥天。法相清明秀美，令人嘆為觀止，心生禮敬。

55——有一段歷史故事的高山水壩。

㊻——從JR大河原車站往高山水壩途中，不經意發現一處瀑布，真是景觀奢侈的道路呀！

㊺——南山城隔壁的月瀨村就在眼前，
彷彿已聽聞人聲的梅花山村。

58──相樂郡和束的茶園。漫天蓋地，
像瀑布般鋪展而下的茶園旋律。

但是在京都附近人口稠密的區域，村莊有其特別的存在價值，今天則因為這些稀有價值而發光發亮。到處都是鎮或市的現在，村莊散發著珍珠柔潤的光澤，吸引吾人的心靈。我祈禱村莊能夠常在！

我無法忘記第一次到南山城村演講時的喜悅。如今開車可以輕易前往，但在當時我是搭關西線越過笠置，一路興奮地貪看溪流美麗、岩石嶙峋的風光，來到稍微豁然開朗的大河原站下車；接著又搭車上山，欣賞許多茶園後，抵達名叫高尾的村落，我就是在那裡的小型公民會館演講的。除了演講外，也和當地民眾、教育委員會的人愉快交談。

提到一九五三年豪雨成災的話題固然不能說是好事，然而在安靜的秋陽麗日聽他們訴說令人難以置信的天地變化，感覺十分奇妙。今天在關西線北邊依然會有土石流，造成嚴重的山崩。人們說起「昭和二十八年的大水災」仍心有餘悸，不勝哀戚。那是梅雨季節時的連續豪雨，京都府其他地區也無一倖免，但災情最嚴重的是廣泛的南山城一帶，人員、物資的損失不能盡數！

當地居民逐漸能夠以平靜的心情敘述當時的慘劇，為了使木津川水力平穩的高山水壩也完成了。初訪高山水壩時才剛落成，還能看到淹沒村落的遺跡，尤其是樹木露出水面的景象更教人望之心酸。之後蓄水量日增，乃成了一處新的名勝。旁邊有一個大水淵，名稱浪漫叫做「夢幻峽」，風景十分秀麗。那裡唯一的高級日本料理餐廳，環境優雅，是不為人知的好去處。

南山城真是一座愉快的村莊。村民健談地談論起「太閤大人⑦時的什麼樹」等幾百年前的事，就像是昨天剛發生的一樣。我聽說從高尾可以看見三重縣青山的燈火，才驚訝於原來京都府和三重縣也相連呀！的確，查看地圖後，京都府南山城村是和三重縣的西南部連接。果然，京都市和福井、兵庫、滋賀、大阪、奈良、三重等許多縣市為鄰呀。

更有意思的是，我對隔壁奈良的月瀬村也很熟悉。我泛稱那裡是月瀨，去的時候在關西線「月瀨口」站下車，還以為到了奈良境內，其實還在南山城村裡。再從那裡搭村營巴士前往風光美麗的月瀨。之前也曾說過，關西線的車站所在位置都很高，我還記得為了搭巴士往下走了很長一段路。從月台向下眺望的景觀如夢似幻，我仍印象深刻。

車子沿著高山水壩前進，很快便離開月瀨，進入了柳生，感覺江戶時代好像就在眼前。我曾在高尾詢問年糕湯的做法「是用清湯煮、還是加味噌」。大都會本來就是人文薈萃，像京都這樣的地方自然也多樣化了起來。當時高尾的人們回答說「雖然是隔壁，做法也各家不同」。我不禁想知道為什麼？大都會多樣化的年糕湯做法代表了通婚圈的擴大，夫妻關係有了新貌，不再單一形式，尤其是受到戰後歷史的影響很多。而南山城村的多種年糕湯煮法，我則私自認為其歷史更加久遠，可能是與東邊土地交流的關係吧。

今天的南山城村除了有古老農村的風貌外，也有許多所謂的公共文化建設、休閒設備等，成為青年和孩童與自然接觸的場所。我由衷希望不要再闢建高爾夫球場了，讓這京都府僅存的村莊成為一處與人親近的土地，充滿了空氣、水和綠意！

最近我認識了住在相樂郡加茂町南加茂台社區的一名年輕研究學者。我們的相遇很好玩，是在參加某民間電台由笑福亭仁鶴大師⑧主持的節目中認識的。當時節目中談到了夫妻之間的稱呼。芳名栗原葉子的那位女士因為和我意氣相投，都對過去日本女性史中夫妻之間的稱呼很不認同，所以說話不太客氣；還好

---

⑦—太閤大人：豐臣秀吉，一五三六～一五九八，戰國時期到安土桃山時代的武將。名古屋人，曾掌理京都政務。太閤為其外號之一。

⑧—笑福亭仁鶴：一九三七年生，大阪人。單口相聲大師。

有仁鶴大師詼諧地串場，節目進行得還算有趣。仁鶴大師稱呼自己的夫人「高子公主」，夫人則直呼他「岡本」！姑且不論是否為真，當時聽了十分好笑。之後我和栗原女士便開始了真誠愉快的交往。

由於我想要介紹南山城給澤田大師認識，所以拜託了會開車的栗原女士作陪。她二話不說便答應了，而且因為午飯不容易訂到餐廳，還幫大家準備美味可口的便當。就這樣我們機動性參觀了南山城村、高山水壩和月瀨。事實上夢幻峽正是她最心愛的地方，我們也深有同感。

茶園遼闊的和束町與宇治田原町

栗原女士開車帶我們去她的絲路——和束。和束是京都府有名的茶鄉，她帶我們去她最喜歡的美麗茶園，一片有如綠色大海的地方。我這才恍然大悟茶不僅是美味的飲料，也是賞心悅目的植物。

其實我個人也到過和束多次，當然都是為了演講。攤開地圖，廣大的和束幾乎全是淡褐色的山地。我去過和束深處名為湯船的村落，是一個很冷的冬天。當時注入木津川的和束川沿途已然結冰，林木蓊鬱給人陰森的感覺。就是因為這樣的地區，溫差很大才能種出好茶。和束町北邊也是廣大的茶鄉，就是同樣種植宇治茶的宇治田原町。東邊則是滋賀縣的有名茶產地甲賀郡信樂町。這一帶的傳統和自然條件相同，所以成為日本高級茶葉的最大產區。

宇治田原町位於宇治市東南方極偏僻處，也是我很喜愛的土地。沿著宇治川不斷上溯，這條因為暴風雨帶來的土石流而經常無法通行的道路最後會來到一開闊處，當然一整片都是茶園。而宇治田原還有一項名產就是柿餅，形狀扁平、口感有些硬的柿餅，我一向愛吃。曾擔任本地青年團團長的U先生，我們有過機緣共事。他聽說我對柿餅的禮讚，在過年期間送給我一箱，教我好生高興。我很珍惜地一天捧著一個慢慢品嚐。

製作柿餅的時節，一串串垂掛的柿子就像是紅色布幔一樣，煞是美麗。我看小學生的圖畫，他們畫出一如輝煌亮麗燈籠一樣火紅的柿餅掛簾。綠色茶園、紅色柿餅、遠山、美麗的民家，好一個桃花源的景致。

和束的茶園從極高處一路向下蜿蜒延伸，壯觀極了。彷彿茶園本身便充滿了生命。街道上的房舍也很恢弘漂亮。當然其中也有過浮沉，想來不同於種田與種菜，茶葉果然能帶來財富，所以路上有許多豪華的民宅。

中國文學碩彥的內藤湖南博士也住在這裡。和束穩重、充滿東方味道的寂靜的確很適合內藤博士。

栗原女士的車不久便開到了南加茂台，我很驚訝這裡什麼時候居然開發了如此大的社區。看到栗原女士家門前的水溝裡趴著一隻大蜈蚣更是大吃一驚！我們很對不起蜈蚣兄，用茶壺裡剩下的熱水讓牠一命嗚呼了。以前我們家旁邊的空地，到了夏天至少會出現五十隻蜈蚣，如今空地蓋了房子，蜈蚣大概也都滅絕了吧。比起那樣的向日市，這附近還保存的自然野趣真叫人羨慕。據說晚上還有狸貓會跑來栗原家的庭院覓食。向日市頂多還能看到黃鼠狼，狸貓是絕對不會出現的了。

最近我在加茂町突然又有了新朋友。那是在淨琉璃寺旁邊名為當尾的地區，買下靠山邊的一戶民家也或許是農家而定居的松石夫婦。閱讀松石太太情感豐富的居住紀錄，十分愉快。拜訪了這三隻狗、一隻貓和一家人，我更深切地感受到南山城的魅力。就像是秋天來訪，看到滿山結實纍纍、紅葉優美時的感動一樣。

不管是栗原女士還是松石太太，她們都不是當地人。可是住久了便和南山城的歷史和自然產生共鳴，

龍王

嘿！令人愉快的人偶。廣田長三郎先生
的伏見人偶收藏。

⑲——伏見，自古至今酒倉林立。

由衷地喜歡上這裡。這也是一種無分別心呀，我深有同感！

然而痛心的是，一路走來總會看到許多怵目驚心的開發地，還有許多蓋得光鮮亮麗的農家豪宅。這些都跟學研都市的開發很有關係。

這也是不得已的現象，土地邁向近代化是必然的趨勢吧。可就算是必然，面對這長久歷史醞釀而成的南山城，也希望能用尊重文化的態度去開發。站在老鷹飛翔、各種昆蟲生息、四季風光和人們生活相互協調的南山城歷史前，難道不該更謙虛地建築未來嗎？我不禁感到憂心與憤怒。

後記

京都系列三部曲描繪完成

京都三部曲到本書便算完結。《千年繁華》（一九八八年發行）、《喜樂京都》（一九九二年發行），以及本書《京都思路》。

取材期間是一九八五年到一九九三年，前後合計約費時十年。這之間京都在時代的浪濤裡不斷波動。我親眼目睹了許多消失的、改變的和不變的事物，我試著將其中的一部分記了下來。

住宿一・京都飯店　是我經常投宿的地方，因為喜歡它沉穩古雅的味道而常來居住。別館大廳（興建於昭和十二年，西元一九三七年）是文藝復興式的風格，我很享受在那裡悠閒用早餐的時光。現在飯店正在進行加高工程，希望至少能保持該大廳的原來風貌。

住宿二．石田旅館　位於祇園甲部的中間，我也常去叨擾。有時會爬上屋頂的曬衣臺欣賞三百六十度的景觀。這附近至今仍保持了瓦片屋頂高度一致的美麗風光。以四条通為界，祇園北部（乙部）一帶蓋起了奇形怪狀的大樓，成了建築的無法地帶。據說甲部這裡其實也隱藏著不為外人所知的問題。旅館老闆娘告訴我的內部消息，是我取材時的重要線索。

熟悉的寺院　據說京都有兩千四百座寺院。其中知名與格調高雅的固然很多，也有許多深入平民生活，與人親近的。例如千本釋迦堂、釘拔地藏、蛸藥師、六角堂、六道珍皇寺、六波羅蜜寺、八坂庚申堂（布偶猴）、安井金比羅宮（繪馬館）、松崎大黑天等等，數都數不盡。因為是祈求庶民今生的利益，總顯得世俗、可畏與明朗的氣氛，這也是其魅力所在。

町家之外　假如前有細眼的蟲籠窗、京都特有的木格子外牆、矮便門、陳列架（几腳可向上收折的矮几）、竹簾、門簾、招牌、辟邪除魔的鍾馗等是其外出時精心打扮的容顏，其側臉就是平常卸完妝後的樣子。但還是有著屋頂的飛起（傾斜）、短柱、白牆、木板牆、小窗、小庭院、倉庫等巧妙組合的基本門面。

町家之內　有些人親切地讓我參觀其內部結構。町家內部其實有一基本格局，穿廊（泥地）、廚房、置物櫥櫃、碗櫃、室內水井、二樓的儲藏室、挑高天井、梁、天窗、小庭院、倉庫等。然後依各家的大小、職業、生活程度而有所不同。有些人家直接將瓦斯爐架設在舊爐竈上面使用。每戶人家或許改造程度有別，但都保持了傳統面貌。看到這些老房子遭摧毀成空地，徒留兩側空盪盪的牆壁，感覺十分心酸。

白砂庭院的設計　銀閣寺的銀沙灘和向月台，那是為了賞月而設計的舞台。上賀茂神社的砂山，那是為了迎接神明降臨而建造的標示。兩者都是砂石，卻能製造出如此神奇的小宇宙與雕塑。前人的創造力與設計的新穎感，著實令人訝異。

民藝品收藏雙璧　河井寬次郎紀念館，那是故人所建、曾經生活過的住家，也是其創造的民藝品理想國。浸潤在館藏品所呈現的用具之美，好不愉快！大倉紀念館，展示了代表伏見歷史的釀酒場。有著三百五十年傳統、充滿歲月痕跡的各式造酒工具，每一件都是一流的手工藝品；天井雄偉的梁柱也值得一看。

龜岡城下町　一九九二年夏天首次造訪，這是明智光秀所築的城池。如今還留下城區地名：本町、內丸町、紺屋町、旅籠町、吳服町、鹽屋町、京町等。發人思古幽情的商家、民宅、釀酒場櫛比鱗次，觸發了我旅遊與作畫的興致。秋天的龜岡祭有著和祇園祭很類似的十幾輛山車（演奏神樂的神轎）和鉾車，都是為前夜祭所建造的。可說是京都市裡的小京都。

伏見人偶　一九九三年七月，為了伏見人偶進行取材，我又來到新町通拜訪好久不見的廣田長三郎先生。廣田先生是鄉土玩具的權威，倉庫二樓的房間存放數量龐大的收藏。看著眼前精挑細選的伏見人偶極品，我度過了愉快的時光。穿廊外面有園藝師傅在照料花草樹木。聽說祇園祭將近，這裡是山鉾的中心地。三年前在此觀賞祭典的興奮之情不禁又復甦了。

洛外所見　由於本書取材所需，接觸到許多自然風光與人們的生活……盛開在花折峠深山中的山藤、久多的世外桃源和當地的婦女、周山自古以來的杉樹、安詳閒適的農村原始風景、丹波清源寺木喰上人所雕「十六羅漢像」的純樸笑容、西山廣闊連綿的竹林、南山城蜿蜒的茶園、八幡逐流橋下的波濤洶湧等等。

在壽岳女士凡事躬親的帶領下，我得以更廣泛更深入地認識京都、思考京都的問題。我由衷表示感謝之意。

另外，也在此感謝提供協助的人士、「京都」的一切和草思社的工作同仁。

一九九四年　早春　澤田重隆

【Eureka】2018Y

京都思路

原著書名──京の思い道

作者➞壽岳章子／文．澤田重隆／圖
譯者➞張秋明
封面設計➞吉松薛爾
版面編排➞吉松薛爾
總編輯➞郭寶秀
協力編輯➞曾淑芳
行銷業務➞力宏勳

發行人➞涂玉雲
出版➞馬可孛羅文化
104台北市民生東路二段141號5樓
電話⇨886-2-25007696
發行➞英屬蓋曼群島商家庭傳媒股份有限公司城邦分公司
104台北市中山區民生東路二段141號11樓
客戶服務專線⇨(886)2-25007718 25007719
24小時傳真服務⇨(886)2-25001990 25001991
讀者服務信箱⇨service@readingclub.com.tw
劃撥帳號⇨19863813 戶名：書虫股份有限公司
香港發行所➞城邦（香港）出版集團有限公司
香港灣仔駱克道193號東超商業中心1樓
E-mail⇨hkcite@biznetvigator.com
馬新發行所➞城邦（馬新）出版集團
Cite (M) Sdn.Bhd.（458372U)
41, Jalan Radin Anum,Bandar Baru Seri Petaling,
57000 Kuala Lumpur,Malaysia
製版印刷➞中原造像股份有限公司
初版一刷➞2005年1月
三版一刷➞2019年7月

定價➞330元
ISBN➞978-957-8759-75-6（平裝）

國家圖書館出版品預行編目資料

京都思路／壽岳章子文；澤田重隆繪；張秋明譯．
-- 三版．-- 臺北市：馬可孛羅文化出版：家庭傳媒城邦分公司發行，2019.07
224面；寬15X高21公分．--（Eureka；2018）
譯自：京の思い道
ISBN 978-957-8759-75-6（平裝）
1.遊記 2.人文地理 3.日本京都市

731.75219 108009089

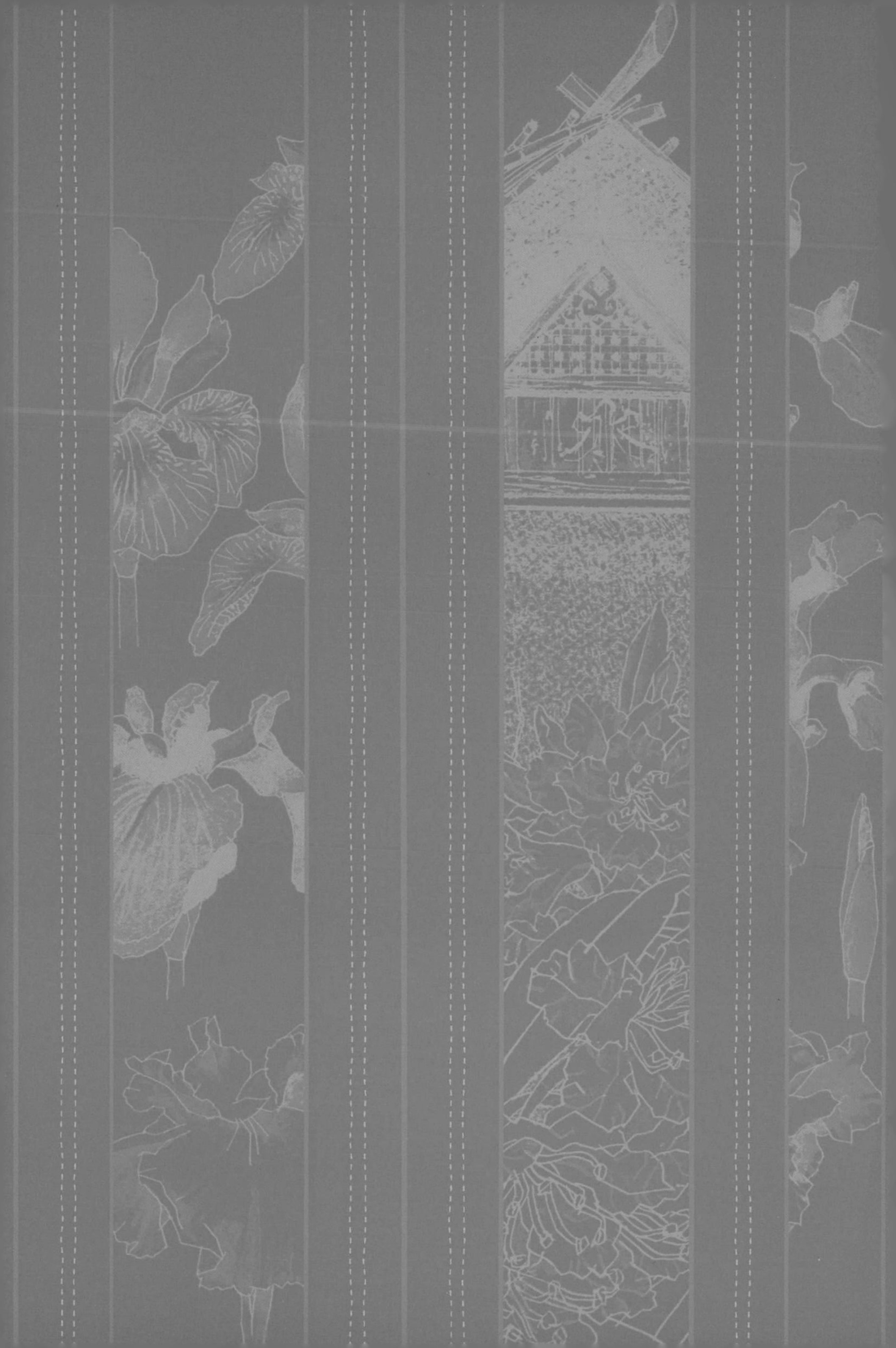

琵琶湖
西本願寺
東山区
山科区
花山天文台
東本願寺
桂離宮
みささぎ
やましな
大津市
草津市
くさつ
にしおおじ
きょうと
文
逢坂山
トンネル
おおつ
京都女子大
東寺
泉涌寺
おおたに
南区
東福寺
京都市
音羽山
593
久世橋
伏見稲荷
音羽山トンネル
東海道新幹線
京都盆地
深草
ふしみ
勧修寺
京都教育大
三宝院
すみぞめ
伏見区
醍醐寺
石山寺
桂川
醍醐山
たんばばし
六地蔵
大阪街道
ふしみももやま
ももやま
ろくじぞう
宇治川大橋
こはた
滋賀県
むかいまち
京阪宇治線
久世郡
久御山町
おぐら
うじ
いせだ
上津屋
宇治市
宇治川
43
42
流れ橋
おおくぼ
しんでん
じょうよう
甲賀郡
城陽市
近鉄京都線
ながいけ
信楽町
京都府
奈良街道
宇治田原町
田辺町
たなべ
やましろあおだに
鷲峰山
681
やましろたか
綴喜郡
湯船
京奈和自動車道
井手町
みやまき
53
たまみず
58
木津川
奈良線
しもこま
和束町
相楽郡
三国越林道
たなくら
ほうその
祝園
山城町
おおかわら
伊賀街道
笠置町
南山城村
かみこま
かさぎ
関西本線
泉大橋
かも
加茂町
きづ
木津町
56
55
高山ダム
つきがせぐち
たかのはら
当尾
梅谷
浄瑠璃寺
54
名張川
高尾
やまとさいだいじ
奈良県
0
5km
月ヶ瀬
奈良市
なら
57

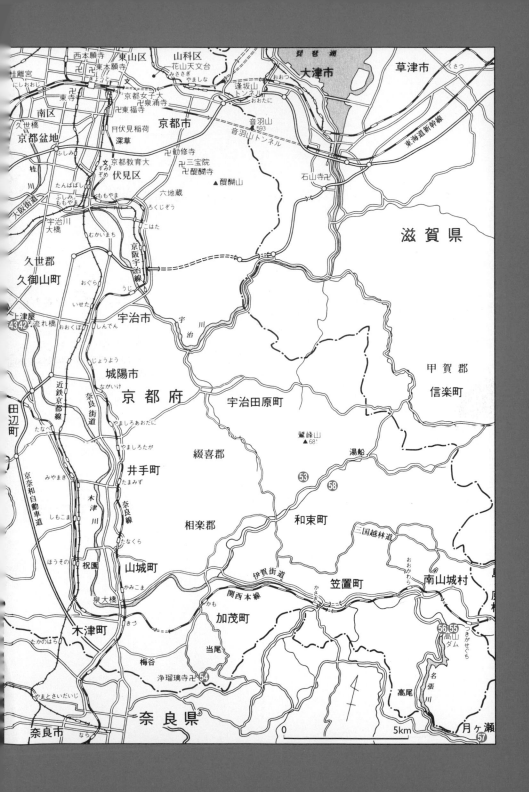

京都思路・地圖 3

地圖上標示的❶❷❸等即內文圖說標號的所在位置。

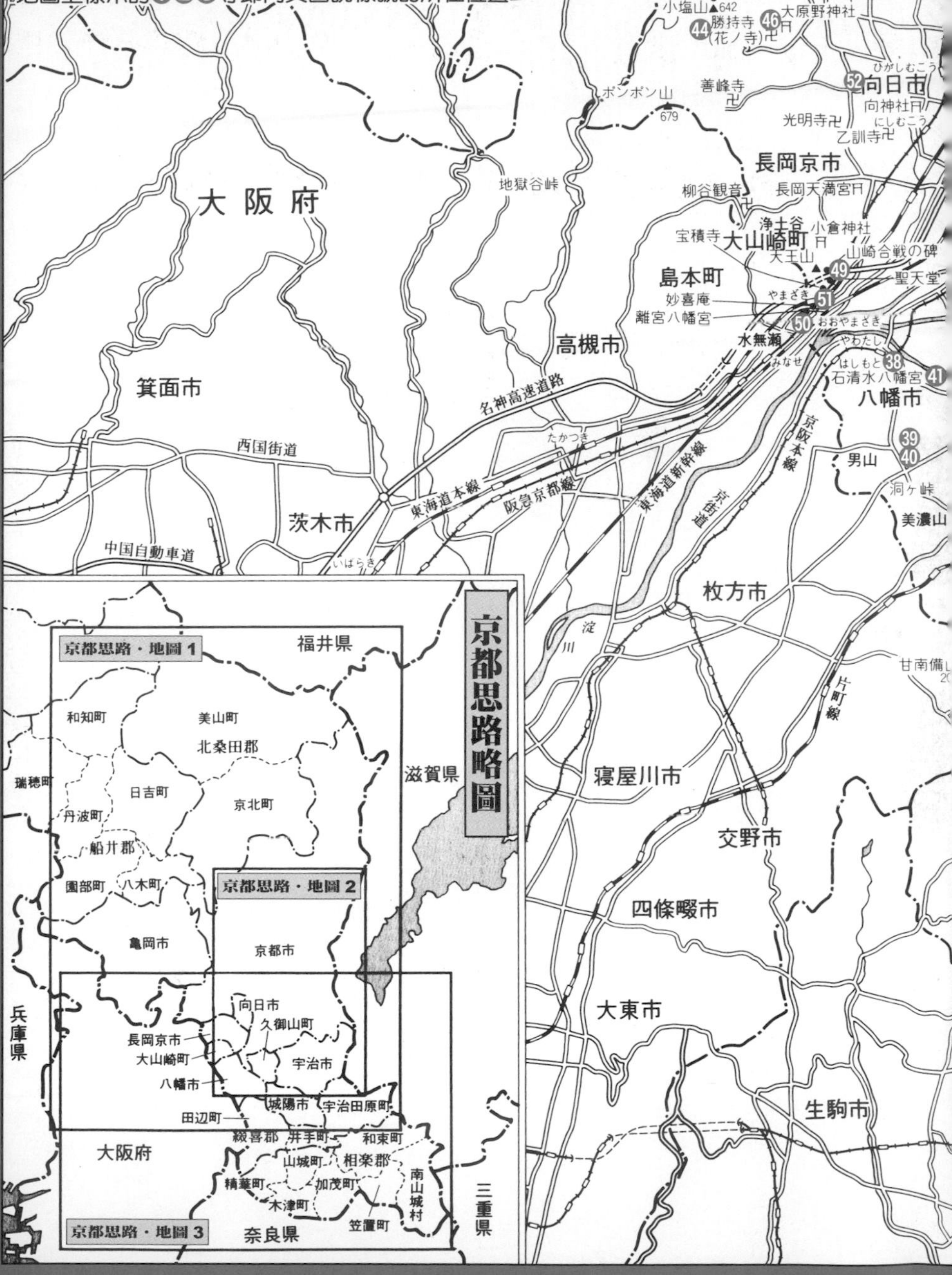